通関士試験補習シリーズ

関税評価ドリル

2024

公益財団法人 日本関税協会

本書の正誤等について

　本書の内容の正誤等については、日本関税協会ホームページにてご案内しています。

本書の正誤表のご確認

https://www.kanzei.or.jp/

　上記 URL にアクセスしていただき、画面上部の「出版物・資料」→「書籍の正誤・訂正」を選んで下さい。

正誤等のお問い合わせについて

　上記の正誤表に記載がない場合、照会は下記の方法にてお問い合わせ下さい。いずれの場合も、書籍名、お客様のご氏名、ご連絡先を明記して下さい。

　なお、内容確認のため回答に時間を要する場合もございますので、あらかじめご了承下さい。

　なお、本書の記載内容以外のお問い合わせ、学習指導に係るご質問及び質問内容が明記されていないものについてはお答えできませんので、あらかじめご了承下さい。

■ ホームページの質問フォームからのお問い合わせ

　（日本関税協会ホームページ）https://www.kanzei.or.jp/

　上記 URL にアクセスしていただき、画面最上部の「お問い合わせ」をクリックし、「3. 教育セミナー、通関士養成事業、研究部会関係」の「メールでのお問い合わせフォーム」をご利用下さい。

■ 文書でのお問い合わせ

　（郵送先）

〒 101-0062　東京都千代田区神田駿河台 3-4-2 日専連朝日生命ビル 6F

公益財団法人 日本関税協会　通関士養成事業事務局 宛

本書のご利用に当たって

　通関士試験において、「関税評価」（課税価格の決定）に関する問題の成否が合否に大きく影響することをご存知でしょうか。

　本試験における第2科目の「関税法等」での「関税評価」に関連する問題は、毎年30問中2問程度出題されています。
　また、第3科目の「通関実務」（45点満点）に至っては、「関税評価」に関連する問題が、「輸入申告書」で10点、「計算問題」で6点の合計16点にも及びます。合格ラインは、27点（45点×60％）ですので、合格に必要な点数の約6割を占めていることになります。まさに「合否」を大きく左右するといっても過言ではありません。

　本書は、過去約10年の本試験問題を徹底的に分析した上で、「関税評価」を16の分野に整理し、さらにそれらを難易度順に「Level 1」から「Level 5」までの5段階に分けました。この中の、「Level 1」から「Level 3」までの問題は、繰り返し解くことで自然に本試験問題を解ける知識が身に付くように編集されています。
　なお、「Level 3」に見られるように、選択肢がなく語句を記入させる問題や記述式の問題は本試験にはありませんが、本書では様々な切り口で作問して問題への理解を深めてもらうようにしてあります。記述式の問題は、問題を読んで解答のポイントが思い浮かぶように繰り返してください。

　昨今の「通関士試験」は、その合格率からも分かるとおり、難易度の高い国家試験です。補習シリーズの本ドリルが、「関税評価」という硬い岩盤を打ち砕くドリルの如く、受験生の皆様の一助になれば、編者としてこれ以上の喜びはありません。

令和6年5月

公益財団法人　日本関税協会

本書のご利用に当たって

本書の構成

■まず「関税評価のポイント」で、全体像を把握してください。ここでは、是非習得して欲しい知識をわかりやすくまとめています。

■Level 1　要点知識の確認（正誤問題）　　　　　　　147 題
　Level 2　要点知識の習得（択一問題）　　　　　　　 66 題
　Level 3※　要点知識の定着（語句記入・記述問題）　　121 題
　Level 4　本試験レベル（標準問題中心：正誤問題）　160 題
　Level 5　本試験レベル（難解問題中心）　　　　　　 50 題
※このレベルは記述形式等のため、やや困難と感じるかもしれませんが、これに確実に対応できれば本試験問題はしっかり解答できます。

■解答の他に必要に応じて、解説を加えています。
　まず基本的・重要な知識を習得するために、問題・解説の記述に際しては、正確無比な表現よりも、要点を簡明に表現するよう努めています。そのため、Level 1 〜 3 については、必ずしも法令解釈上厳密な意味で十分とは言えない表現の場合もありますので、予めご承知おきください。

■本書の内容は、令和 6 年 4 月 1 日現在の法令に基づいて作成しています。

本書の活用例

■各問題の冒頭に、□が 5 つ並んでいますが・・・
　　　自信もって正解したときは　　　　　　○
　　　正解したが自信がないときは　　　　　△
　　　間違えたときは　　　　　　　　　　　×
の印を記入し、次回解答する場合は、「△」「×」の問題を優先して、繰り返しトライするといった活用法をお奨めします。

■本書・解答欄の解説で使用している法令等の略称の正式名称は下記のとおりです。なお、問題文中においては略式名称は使用していません。

本文中の略式名称	正式名称
定率法	関税定率法
定率令	関税定率法施行令
定率規則	関税定率法施行規則
定率通達	関税定率法基本通達

目　次

目 次

関税評価のポイント

課税価格の決定の原則（定率法第４条第１項）

　輸入貨物の申告価格が、次の要件をすべて満たすものであれば、定率法第４条第１項の規定に基づく課税価格として認められます。

1. 「**輸入取引**」によって輸入される貨物であること
2. 当該輸入取引に関して「**特別な事情**」がないこと
3. 課税価格に疑義がない貨物であること
4. 当該輸入取引の「**現実支払価格**」であること
5. この現実支払価格に含まれていない限度において「**加算要素**」に該当する費用等の額を加えた価格であること

　なお、定率法第４条以下の関税評価に関する規定上、上記による課税価格を「取引価格」といいます。

1．「**輸入取引**」とは何か？

（1）輸入取引とは、本邦に住所、本店等の拠点を有する者が買手として貨物を本邦に到着させることを目的として売手との間で行った売買であって、現実に当該貨物が本邦に到着することとなったものをいいます。（定率通達４－１（1））

　なお、貨物が輸入されるまでに当該貨物について複数の取引（売買以外の取引を含む。）が行われている場合には、現実に当該貨物が本邦に到着することとなった売買が輸入取引となります。　　　　　　　　　　（定率通達４－１（2））

（2）輸入取引における「買手」とは、本邦に拠点を有する者であって、当該拠点において実質的に自己の計算と危険負担の下に売手との間で輸入貨物に係る輸入取引をする者をいいます。

　輸入取引における「売手」とは、実質的に自己の計算と危険負担の下に買手との間で輸入貨物に係る輸入取引をする者をいいます。（定率通達４－１（3））

（3）輸入取引によらない輸入貨物には、例えば次のような貨物があります。

　　　　　　　　　　　　　　　　　　　　　　　（定率通達４－１の２（1））

① 無償で輸入される貨物（例：寄贈品、見本、レース参加のために一時的に持ち込まれる車）

② 委託販売のために輸入される貨物（例：本邦において開催されるオークションで販売するために受託者により輸入される貨物）

③ 売手の代理人により輸入され、その後売手の計算と危険負担によって輸入国で販売される貨物

④ 賃貸借契約に基づき輸入される貨物

　　⑤　送り人の所有権が存続する貸与貨物
　　⑥　同一の法人格を有する本支店間の取引により輸入される貨物
　　⑦　本邦で滅却するために、輸出者が輸入者に滅却費用を支払うことにより輸入される貨物
（4）本邦にある者（以下「委託者」という。）から委託を受けた者（以下「受託者」という。）が当該委託者から直接又は間接に提供された原料又は材料を外国において加工又は組立て（以下「加工等」という。）をし、当該委託者が当該加工等によってできた製品を取得することを内容とする当該委託者と当該受託者との間の取引に基づき当該製品が本邦に到着することとなる場合には、当該取引を輸入取引と、当該委託者を買手と、当該受託者を売手と、当該加工等の対価として現実に支払われた又は支払われるべき額を輸入貨物につき現実に支払われた又は支払われるべき価格とそれぞれみなして、定率法第4条第1項及び第2項の規定を適用します。　　　　　　　　　　（定率法第4条第3項）

２．輸入取引に関する「特別な事情」とは何か？

　輸入取引に関し次の「特別な事情」がある場合には、定率法第4条第1項に規定する「課税価格の決定の原則」によって課税価格を決定できないので、定率法第4条の2～第4条の4の規定により課税価格を計算することになります。
（1）買手による輸入貨物の処分又は使用につき制限がある場合
　　　　　　　　　　　　　　（定率法第4条第2項第1号、定率令第1条の7）
　　　ただし、次の制限は除かれており、このような制限があっても、「課税価格の決定の原則」により課税価格を計算することができます。
　　①　輸入貨物の販売が認められる地域の制限
　　②　法令により又は国若しくは地方公共団体により課され又は要求される制限
　　③　取引価格に実質的に影響を与えない制限
（2）輸入貨物の取引価格が、当該輸入貨物の売手と買手との間で取引される当該輸入貨物以外の貨物の取引数量又は取引価格に依存して決定されるべき旨の条件その他当該輸入貨物の課税価格の決定を困難とする条件が当該輸入貨物の輸入取引に付されている場合　　　　　　　　　（定率法第4条第2項第2号）
（3）買手による輸入貨物の処分又は使用による収益で直接又は間接に売手に帰属するものとされているものの額が明らかでない場合
　　　　　　　　　　　　　　　　　　　　　（定率法第4条第2項第3号）
（4）売手と買手との間に特殊関係がある場合で、当該**特殊関係**のあることが輸入貨物の取引価格に影響を与えていると認められる場合
　　　　　　　　　　　　　　　　　　　　　（定率法第4条第2項第4号）

① **「特殊関係」** とは、次の場合をいいます。

（定率法第4条第2項第4号、定率令第1条の8各号、定率通達4－18）

イ　一方の者と他方の者とがその行う事業に関し相互に事業の取締役、監査役、理事、監事等になっている場合

ロ　一方の者と他方の者とがその行う事業の法令上認められた共同経営者である場合

ハ　いずれか一方の者が他方の者の使用者である場合

ニ　いずれか一方の者が他方の者の事業に係る議決権を伴う社外株式の総数の5％以上の社外株式を直接又は間接に所有、管理又は所持している場合

ホ　いずれか一方の者が他方の者を直接又は間接に支配している場合

ヘ　一方の者と他方の者との事業に係る議決権を伴う社外株式の総数のそれぞれ5％以上の社外株式が、同一の第三者によって直接又は間接に所有、管理又は所持されている場合

ト　一方の者と他方の者とが同一の第三者によって直接又は間接に支配されている場合

チ　一方の者と他方の者とが共同して同一の第三者を直接又は間接に支配している場合

リ　一方の者と他方の者とが親族関係（6親等以内の血族、配偶者及び3親等以内の姻族）にある場合

② 売手と買手の間に特殊関係があっても、輸入貨物の取引価格が、当該輸入貨物と同種又は類似の貨物につき課税価格として採用された価格と同一の額又は近似する額であることを、当該輸入貨物を輸入しようとする者が証明した場合、又は税関が、輸入者からの提出資料その他の資料を参考として、当該輸入貨物の取引価格が当該特殊関係により影響を受けていないと認めた場合には、定率法第4条第1項の「原則」により課税価格を決定できます。

（定率法第4条第2項ただし書、定率通達4-19（1））

3.「現実支払価格」とは何か？

「現実支払価格」とは、買手が売手に対して又は売手のために、輸入貨物に係る取引の状況その他の事情からみて当該輸入貨物の輸入取引をするために現実に支払った又は支払うべき総額をいい、この支払は、必ずしも金銭の移転によるものであることを要しません。

この場合において「輸入貨物に係る取引の状況その他の事情」とは、輸入貨物の生産及び当該輸入貨物に係る取引（当該輸入取引以外の取引を含む。）に関する契約の内容及び実態、当該輸入貨物に係る取引に関与する者が当該取引に関して果た

す役割、当該取引に関与する者の間の関係その他の当該取引に関する事情をいいます。 （定率令第１条の４、定率通達４－２（１））

（１）現実支払価格に含まれる費用等には、例えば次のものがあります。

① 次の場合には、現実支払価格と仕入書価格とが一致しないこととなりますので、仕入書価格に所要の額を加え、調整し、又は控除した後の価格が現実支払価格となります。 （定率通達４－２（３）、４－２の２）

イ 輸入貨物に係る仕入書価格の支払に加えて、当該輸入貨物に係る取引の状況その他の事情からみて、当該輸入貨物の輸入取引をするために（買手により売手に対し又は売手のために）割増金、契約料等の何らかの別払金が支払われる場合（当該別払金の額を加える。）

ロ 輸入貨物の売手が買手以外の第三者に対して何らかの債務を負っている場合に、当該債務の全部又は一部を買手に弁済させることとし、輸入貨物に係る価格から当該弁済される額を控除した残額を当該輸入貨物の仕入書価格とした場合（当該弁済額を加える。）

ハ 輸入貨物の売手が買手に対して何らかの債務（例えば、融資金若しくは立替金を返済すべきこと又は過去の輸入取引に係る価格調整金、違約金若しくは損害賠償金を支払うべきこと）を負っており、当該債務の全部又は一部を当該輸入貨物に係る価格の一部と相殺するため、当該債務の額を控除した残額を当該輸入貨物の仕入書価格とした場合（当該相殺額を加える。）

ニ 輸入取引に付されている価格調整条項の適用により仕入書価格につき調整が行われる場合（当該調整を行う。）

ホ 輸入貨物に係る仕入書価格に輸入港到着後の費用等が含まれている場合で、その額が明らかな場合（当該費用等の額を控除する。）

② 輸入貨物の輸出国（積替え国を含む。）における保管費用（輸入取引に係る条件に従って売手から買手に引き渡されるまでの間に発生する費用で、買手が負担するもの）は、現実支払価格に含まれます。

（定率通達４－２（５））

③ 売手（売手の依頼を受けた検査機関等の第三者を含む。）が自己のために行った輸入貨物に係る検査（輸入貨物が売買契約に定める品質、規格、純度、数量等に合致しているか否かを確認するための検査又は分析をいう。）に要した費用で買手が負担したものは、現実支払価格に含まれます。

（定率通達４－２の３（１））

④ 輸入貨物に係る保証（当事者間で合意された所定の条件を満たす場合に行われる対象貨物に係る瑕疵の是正（修繕、取替え又はそれらに要した費用の

補てん）をいう。）のための費用は、現実支払価格に含まれます。

（定率通達4－2の4）

（2）現実支払価格に含まれない費用等には、例えば次のものがあります。これらの費用等の額が明らかである場合には、当該費用等の額は課税価格に算入されません。　　　　　　　　　　　　　　　　　（定率令第1条の4各号等）

①　課税物件確定の日以後に行われる輸入貨物に係る据付け、組立て、整備又は技術指導に要する役務の費用

なお、据付けの費用には、その一環として当該輸入貨物の輸入前に本邦において行われる役務（土台の設置等）の費用を含みます。

②　輸入貨物の輸入港到着後の運送に要する運賃、保険料その他当該運送に関連する費用

③　本邦において輸入貨物に課される関税その他の公課

④　輸入貨物に係る輸入取引が延払条件付取引である場合における延払金利

⑤　輸出国において輸出の際に軽減又は払戻しを受けるべき関税その他の公課

（定率法第4条第1項）

⑥　輸入取引に付された価格調整条項に基づき、仕入書価格の支払後に当該価格につき調整が行われ、当該価格の一部が買手に返金された場合の返金額

（定率通達4－2の2（3））

（3）商取引で通常行われる各種値引きの扱い　　　（定率通達4－3、4－4（2））

現金払値引き、前払値引き、数量値引き、在庫整理値引き、広告宣伝値引き、流行遅れ値引き、保証書なし値引き、製作遅延値引き、総代理店値引き等…これらの値引き額は、納税申告の際にこれらの値引きが確定しており、買手により現実にこれらの値引き後の価格で支払が行われる場合は、現実支払価格に含まれません。

（4）買手が自己のために行う活動のうち、下記4の加算要素に該当しない活動に係る支払（例えば、広告宣伝、販売促進、アフターサービス等に係る支払、輸入貨物の検査、銀行保証等に係る費用）は、売手の利益になると認められる活動に係るものであっても、売手に対する間接的な支払に該当しないものとして扱い、これら費用は、現実支払価格に含まれません。

（定率通達4－2（4）、4－2の3（2）、（3））

4．「加算要素」とは何か？

現実支払価格に以下の費用等の額が含まれていない場合には、その含まれていない限度において、その額が現実支払価格に加算されます。このため、これらの費用等を「加算要素」と呼んでいます。

　この加算要素は、定率法第４条第１項各号に限定列挙されています。

（１）運送関連費用

　　　輸入貨物が輸入港に到着するまでの運送に要する運賃、保険料その他当該運送に関連する費用　　　　　　　　　　　　　　　　（定率法第４条第１項第１号）

　　①　「輸入港に到着する」とは、単に輸入港の港域等に到着することを意味するのではなく、輸入貨物の船卸し又は取卸しができる状態になることをいいます。　　　　　　　　　　　　　　　　　　　　　　（定率通達４−８（２））

　　②　「その他運送に関連する費用」には、一時的保管料、積替費用、通関料、コンテナー・サービス・チャージ等が含まれます。　　（定率通達４−８（５））

　　③　輸入貨物が特殊な事情の下に運送されたことにより、運賃等の額が通常必要とされる運賃等の額を著しく超えた場合は、当該通常必要とされる運賃等の額が加算されます。　　（定率令第１条の５第１項、定率通達４−８（８））

　　④　次の輸入貨物（例示）が航空機により運送された場合（以下「航空輸送」という。）には、加算される運賃・保険料は、航空輸送以外の通常の運送方法による運賃・保険料とするという「運賃特例」が定められています。

　　　　　　　　　　　　　　（定率法第４条の６第１項、定率令第１条の13各号）

　　　イ　災害救助物資、公衆衛生の保持物資その他これらに準ずる目的のために緊急に輸入する必要があると認められる貨物

　　　ロ　無償の見本で、航空輸送により計算した課税価格が20万円を超えないもの

　　　ハ　ニュースフィルム、ニューステープ、新聞の紙型等

　　　ニ　本邦で航空運送事業を営む者が、当該事業に使用するため輸入する航空機用品等であって、その者の当該事業に使用する航空機によって運送されたもの

　　　ホ　旅行者の携帯品・別送品で、航空輸送により計算した課税価格の総額が20万円以下のもの

　　　ヘ　輸入貨物の製作の遅延等輸入者の責めに帰することができない理由により納期遅れとなるため、航空輸送に切り替えて運送された輸入貨物で、その航空運賃の全額又は運送方法の変更に伴う差額を輸入者以外の者が負担したもの

（２）輸入取引関連手数料又は費用

　　　輸入貨物に係る輸入取引に関し買手により負担される手数料等のうち次に掲げるもの　　　　　　　　　　　　　　　　　　　（定率法第４条第１項第２号）

　　①　仲介料その他の手数料（買付手数料を除く。）

　　　イ　「仲介料その他の手数料」とは、輸入取引に関して業務を行う者に対し

　買手が支払う手数料をいい、買付手数料を除く次のような手数料は、課税価格に算入されます。　　　　　　　　　（定率通達4－9（1）、（2））

　　仲介料その他の手数料に該当するか否かの判断は、契約書等における名称のみによるものではなく、手数料を受領する者が輸入取引において果たしている役割及び提供している役務の性質を考慮して行います。

（イ）　売手及び買手のために輸入取引の成立のための仲介業務を行う者に対し買手が支払う手数料

（ロ）　輸入貨物の売手による販売に関し当該売手に代わり業務を行う者に対し買手が支払う手数料

ロ　「買付手数料」とは、輸入貨物の買付けに関し当該買手を代理する者に対し、当該買付けに係る業務の対価として支払われるものをいい、買付手数料に該当するか否かの判断は、契約書等における名称のみによるものではなく、手数料を受領する者が輸入取引において果たしている役割及び提供している役務の性質を考慮して行い、具体的には、次によります。

　　　　　　　　　　　　　　　　　　　　（定率通達4－9（1）、（3））

（イ）　手数料を受領する者が、「買付けに関し買手を代理して当該買付けに係る業務を行う者」であることが、買付委託契約書等の文書により明らかであること

（ロ）　手数料を受領する者が買付けに関し買手を代理して当該買付けに係る業務を実際に行っているという実態の存在が文書や記録その他の資料により確認できること

（ハ）　税関の要請がある場合には、売手と買手との間の売買契約書、輸入貨物の売手（製造者等）が買手にあて作成した仕入書等を提示することが可能であること

②　輸入貨物の容器（輸入貨物の通常の容器と同一の種類及び価値を有するものに限る。）の費用　　　　　　　　　　　　　　　　（定率通達4－10）

③　輸入貨物の包装に要する費用（人件費その他の費用を含む。）

　　　　　　　　　　　　　　　　　　　　　　　　　　　（定率通達4－11）

（3）無償又は値引きにより提供された物品又は役務に要する費用

　　輸入貨物の生産及び輸入取引に関連して、買手により無償で又は値引きをして直接又は間接に提供された物品又は役務のうち次に掲げるものに要する費用

　　　　　　　　　　　　　　　　　　　　　　（定率法第4条第1項第3号）

①　輸入貨物に組み込まれている材料、部分品又はこれらに類するもの

　　ただし、我が国の法律等に基づき表示を義務付けられている事項のみが表示されているラベルは除きます。　　　　　　　　（定率通達4－12（1））

② 輸入貨物の生産のために使用された工具、鋳型又はこれらに類するもの（機械、設備、金型、ダイス等を含む。） (定率通達4－12（2）)

③ 輸入貨物の生産の過程で消費された物品（燃料、触媒等を含む。）

(定率通達4－12（3）)

④ 輸入貨物の生産に必要とされた技術、設計、考案、工芸及び意匠であって本邦以外で開発されたもの。この場合、「本邦以外で開発されたもの」の意味は、実際の開発が外国で行われたことをいい、当該技術等に係る契約の締結の場所、開発者の国籍は問いません。

(定率令第1条の5第3項、定率通達4－12（4）)

　上記①〜③の物品に要する費用は、当該物品を取得するために通常要する費用（当該物品を買手自ら生産した場合又は買手と特殊関係にある者から取得した場合は、当該物品の生産に要した費用）に当該物品を輸入貨物の生産及び輸入取引に関連して提供するために要した運賃、保険料その他の費用であって買手により負担されるものを加算した費用です。また、上記④の役務に要する費用は、当該役務の開発に要した費用又は当該役務の提供を受けるために通常要する費用（当該役務を買手自ら開発した場合又は買手と特殊関係にある者から提供を受けた場合は、当該役務の開発費用）に当該役務を輸入貨物の生産に関連して提供するために要した運賃、保険料その他の費用であって買手により負担されるものを加算した費用です。

（4）特許権等の使用に伴う対価

　特許権、意匠権、商標権その他これらに類するもの（輸入貨物を本邦において複製する権利を除く。）の使用に伴う対価は、「輸入貨物に係る」ものであり、かつ、「輸入貨物に係る取引の状況その他の事情からみて当該輸入貨物の輸入取引をするために買手により直接又は間接に支払われるもの」である場合には、課税価格に算入されます。

　「輸入貨物に係る取引の状況その他の事情からみて当該輸入貨物の輸入取引をするために買手により支払われるもの」とは、当該輸入貨物に係る特許権等の使用に伴う対価であって、買手が当該対価を特許権者等に支払わなければ、実質的に当該輸入貨物に係る輸入取引を行うことができないこととなる又は行われないこととなるものをいい、その判断は、当該輸入貨物に係る売買契約やライセンス契約の内容だけでなく、当該輸入貨物に係る契約の内容及び実態、取引に関与する者が当該取引に関して果たす役割、当該取引に関与する者の間の関係その他の当該取引に関する事情を考慮して行います。

(定率法第4条第1項第4号、定率通達4－13（2）、（4）)

（5）売手帰属収益

　　買手による輸入貨物の処分又は使用による収益（輸入貨物の再販売その他の処分又は使用により得られる売上代金、賃貸料、加工賃等）で、直接又は間接に売手に帰属するものとされているもの（輸入貨物の利潤分配取引に基づき分配する利潤は含まれますが、配当金の移転等輸入貨物と関係のないものは含まれません。）　　　　　　　　　　　　　（定率法第４条第１項第５号、定率通達４－14）

（注）上記（1）～（5）は、限定列挙です。（したがって、課税価格を決定する上で、現実支払価格のほかに課税価格に算入する費用等の額は、これら５項目に限られます。）

「課税価格の決定の原則」によれない場合の取扱い（定率法第４条第２項）
　「課税価格の決定の原則」によれない次の貨物について、課税価格を決定するための代替肢とその適用順位が決められています。
　・輸入取引によらない輸入貨物
　・輸入取引に関し特別な事情がある貨物
　・課税価格への疑義が解明されない貨物

１．輸入貨物と同種又は類似の貨物に係る取引価格による方法（原則によれない場合の第１優先順位の方法）（定率法第４条の２、定率令第１条の10、定率通達４の２－１）

（1）「同種」及び「類似」の定義
　①　「同種の貨物」とは、形状、品質及び社会的評価を含むすべての点で輸入貨物と同一である貨物（外見上微細な差異があっても他の点で同一であるものを含む。）をいいます。
　②　「類似の貨物」とは、輸入貨物とはすべての点で同一ではないが、同様の形状及び材質の貨物であって、輸入貨物と同一の機能を有し、かつ、輸入貨物と商業上の交換が可能である貨物をいいます。

（2）同種の貨物又は類似の貨物として採用できるための条件
　①　輸出の時期については、輸入貨物の本邦への輸出の日（本邦へ向けて船舶等に積み込み、又は本邦に仕向けた日）又はこれに近接する日（通常は、輸入貨物の本邦への輸出の日前後１ヶ月以内）に本邦へ輸出した貨物であること。
　②　生産国は、輸入貨物の生産国であること。

③　取引段階及び取引数量については、輸入貨物の取引段階と同一の取引段階であること、及び輸入貨物の取引数量と実質的に同一の取引数量であること。

④　同種の貨物及び類似の貨物の課税価格は、定率法第4条第1項の規定による課税価格の決定の原則に基づいて計算されたものであること。

（3）同種の貨物と類似の貨物の優先関係

①　同種の貨物の取引価格と類似の貨物の取引価格との双方があるときは、常に「同種の貨物の取引価格」が優先します。

②　同種の貨物に、輸入貨物の生産者が生産した同種の貨物と他の生産者が生産した同種の貨物の双方がある場合には、常に「輸入貨物の生産者が生産した同種の貨物」が優先します。（類似の貨物についても同じ考え方です。）

③　輸入貨物の生産者が生産した同種の貨物（又は他の生産者が生産した同種の貨物）に二以上の取引価格がある場合には、常にそれらのうち最小の取引価格が優先します。（類似の貨物についても同じ考え方です。）

（4）同種の貨物又は類似の貨物と輸入貨物との間で、運送距離又は運送形態等により差異がある場合の調整

同種の貨物又は類似の貨物について、輸入貨物との間に存在する運送距離又は運送形態等が異なることにより生じた価格差に関し、価格表等の資料に基づいて必要な調整を行います。

（5）同一の取引段階及び実質的に同一の取引数量による同種の貨物又は類似の貨物の販売がない場合の調整

同種の貨物又は類似の貨物について、輸入貨物との間に存在する取引段階又は取引数量及び運賃等の差異に関し、価格表等の資料に基づいて必要な調整を行います。

2．輸入貨物又は輸入貨物と同種の貨物若しくは類似の貨物の国内販売価格からの逆算による方法（上記1により課税価格を決定できない場合の方法）

（定率法第4条の3第1項第1号、定率令第1条の11、定率通達4の3−1）

（1）国内販売価格の条件は、次のとおりです。

①　輸入貨物の「課税物件確定の時」（輸入申告の時）の性質及び形状により、

②　課税物件確定の時の属する日又はこれに近接する期間内（概ね1ヵ月以内）に、

③　国内の最初の取引段階において、

④　買手と特殊関係のない者に対して販売された価格とします。

⑤　課税物件の確定の日又はこれに近接する期間内に販売された国内販売価格がないときは、当該輸入貨物の課税物件の確定の時の属する日後、90日以

内の最も早い日に販売された国内販売価格とします。

⑥　国内販売価格が二以上あり、その販売単価が異なる場合には、その国内販売価格は、「当該異なる単価ごとの販売に係る数量が最大である販売に係る単価に基づいて計算したときに得られる価格」とします。

（２）「輸入貨物」と「輸入貨物と同種又は類似の貨物」の優先関係

①　輸入貨物の国内販売価格があるときは、常に当該国内販売価格が優先します。

②　輸入貨物の国内販売価格がないときは、同種の貨物に係る国内販売価格が優先します。

③　輸入貨物の国内販売価格及び同種の貨物に係る国内販売価格がないときは、類似の貨物に係る国内販売価格によります。

④　輸入貨物の輸入者が輸入した同種の貨物に係る国内販売価格と他の輸入者が輸入した同種の貨物に係る国内販売価格の双方があるときは、当該輸入貨物の輸入者が輸入した同種の貨物に係る国内販売価格が優先します。（類似の貨物についても同じ考え方です。）

（３）「輸入貨物」又は「輸入貨物と同種又は類似の貨物」の国内販売価格から、以下の費用等を控除します。

①　当該輸入貨物と同類の貨物で輸入されたものの国内における販売に係る通常の手数料又は利潤及び一般経費

「同類の貨物」とは、同一の産業部門において生産された当該輸入貨物と同一の範疇に属する貨物をいいます。

②　当該国内販売された貨物に係る輸入港到着後国内販売するまでの通常の運賃、保険料その他当該運送に関連する費用

③　当該国内販売された貨物に係る本邦において課された関税その他の公課

３．加工後の輸入貨物の国内販売価格からの逆算による方法（上記１及び２により課税価格を決定できない場合の方法）

（定率法第４条の３第１項第２号、定率通達４の３－１）

（１）輸入貨物の課税物件の確定の時の属する日の後に、当該輸入貨物を加工の上、国内の最初の取引段階において買手と特殊関係にない者に対して販売された国内販売価格から、以下の費用等を控除します。

①　当該加工により付加された価額

②　当該輸入貨物と同類の貨物で輸入されたものの国内における販売に係る通常の手数料又は利潤及び一般経費

③　当該国内において販売された加工後の輸入貨物に係る輸入港到着後国内販

売するまでの通常の運賃、保険料その他当該運送に関連する費用

④　当該国内において販売された加工後の輸入貨物に係る本邦において課された関税その他の公課

（2）この方法を採用できるのは、当該輸入貨物の国内販売価格及び当該輸入貨物と同種又は類似の貨物に係る国内販売価格によって課税価格を決定できない場合で、輸入者が希望する旨を税関長に申し出た場合に限られています。

4．輸入貨物の製造原価に加算する方法（上記1～3により課税価格を決定できない場合の方法。ただし、輸入者が希望する旨を税関長に申し出た場合には、上記2及び3の適用に先立って、この方法により決定します。）

（定率法第4条の3第2項、第3項、定率通達4の3－2）

（1）輸入貨物の生産国における製造原価（注）に次の費用等を加算します。

①　当該輸入貨物の生産国で生産された当該輸入貨物と同類の貨物の本邦への輸出のための販売に係る通常の利潤及び一般経費

②　当該輸入貨物の本邦の輸入港までの運賃等

（注）「製造原価」には、次の費用が含まれます。

・原材料費、人件費及び製造管理費の合計

・輸入者が当該輸入貨物の輸入取引において負担した容器・包装に要する費用

・輸入者が当該輸入貨物の輸入取引において無償で又は値引きをして生産者に提供した原材料、役務等に要する費用

・本邦で開発された技術、設計、考案、意匠又は工芸に要する費用であって、当該輸入貨物の生産者が負担したもの

（2）製造原価に加算する方法を採用できるのは、当該輸入貨物の製造原価が確認できる場合に限られ、同種又は類似の貨物の製造原価は認められていません。

（3）また、製造原価に加算する方法を採用できるのは、当該輸入貨物を輸入しようとする者と当該輸入貨物の生産者との間の当該輸入貨物に係る取引に基づき当該輸入貨物が本邦に到着することとなる場合に限られています。（したがって、輸入者と生産者の間に仲介者、代理人等が存在する場合は採用できません。）

5．特殊な決定の方法（上記1～4のいずれの方法によっても課税価格を決定できない場合の方法）（定率法第4条の4、定率令第1条の12、定率通達4の4－1、－2）

（1）定率法第4条～第4条の3に規定する方法による課税価格の計算の基礎となる事項の一部がこれらの規定による計算を行うために必要とされる要件を満たさないためにこれらに規定する方法により課税価格を計算することができない場合において、その必要とされる要件を満たさない事項につき、合理的な調整

を加えることにより当該事項が当該要件を満たすこととなるときは、当該要件を満たさない事項につき当該調整を加えてこれらに規定する方法により課税価格を計算します。

（2）上記（1）によれない場合には、関税評価協定の規定に適合する方法として税関長が定める方法により課税価格を計算します。

　「税関長が定める方法」とは、税関長が本邦において入手できる資料（輸入者から提出される資料を含みますが、税関長がその真実性及び正確性について疑義を有する資料を除きます。）に基づき計算する方法であって、合理的と認められるものをいいます。

　例えば、税関長が入手できる資料に応じて、次のような方法による場合があります。

①　輸入貨物と同種又は類似の貨物の本邦向けの販売価格に、合理的な方法により算定した当該販売に加えるべき費用等（例えば、定率法第4条第1項各号に掲げる費用等）の額を加えた価格による方法

②　輸入貨物又はこれと同種若しくは類似の貨物（本邦において生産された貨物を除く。以下③及び④において同じ。）の国内における最初の取引段階以外の販売に係る価格から、資料により確認できる当該輸入貨物の本邦到着後の費用等を控除した後の価格による方法

③　輸入貨物と同種又は類似の貨物の国際相場価格に、通常必要とされる輸入港までの運賃等の額を加えた価格による方法

④　輸入貨物と同種又は類似の貨物の本邦における市価から、本邦において課される関税その他の公課に係る額を控除した後の価格による方法

課税価格を計算する場合に使用できる資料等

(定率法第４条の８、定率通達４の８－１)

輸入貨物の課税価格を計算する場合の計算の基礎となる額その他の事項は、合理的な根拠を示す資料により証明されるものでなければならず、かつ、一般に公正妥当と認められる会計の慣行に従って算定されたものでなければなりません。

税関が、輸入貨物の課税価格の計算の適正性を確認するために必要と認めるときは、法令の規定に基づき、適用条項に規定する「当該計算の基礎となる額その他の事項」について「合理的な根拠を示す資料」を提出するよう輸入者に求めることになります。

この場合において、当該輸入者から当該合理的な根拠を示す資料が提出されないときは、当該適用条項により課税価格を計算することができない場合に該当することになります。

課税価格の計算に用いる資料等

（１）「計算の基礎となる額その他の事項」とは、定率法第４条から第４条の７までの規定を適用して課税価格を計算するにあたって、適用条項に規定する価格、手数料、利潤及び一般経費、費用等の額その他取引に関する事情等をいいます。

（２）「合理的な根拠を示す資料」とは、客観的な資料であって、適用条項において輸入貨物の課税価格の計算の基礎となる額、当該額を構成する要素に係る額、これらの額の算定方法その他取引に関する事情等の真実性及び正確性を示すものをいいます。

（３）「一般に公正妥当と認められる会計の慣行に従って算定されたもの」とは、適用条項に規定する「計算の基礎となる額その他の事項」に関連する国（又は地域）において、当該事項に係る産業において相当の期間にわたり広く慣例的に行われている会計の処理に関する具体的な基準及び処理方法に従って算定されたものをいいます。

例えば、法第４条第１項第３号ロに規定する工具等であって本邦において生産されたものに要する費用の額又は法第４条の３第１項第１号に規定する「通常の利潤及び一般経費」の額については、本邦において一般に公正妥当と認められる会計の慣行に従って算定し、法第４条の３第２項に規定する「通常の利潤及び一般経費」の額については、輸入貨物の生産国において一般に公正妥当と認められる会計の慣行に従って算定します。

Level 1

要点知識の確認
（正誤問題）

■ 課税価格の決定の原則による場合

1　関税評価に関する定義等

問題 1　　「関税評価」とは、関税を課す場合の輸入貨物の課税価格を決定することである。

問題 2　　「課税価格」とは、関税を課す場合の輸入貨物の課税標準となる価格である。

問題 3　　課税価格を決定するための計算の方法は、関税定率法第 4 条から第 4 条の 9 までに規定されている。

問題 4　　「輸入取引」とは、輸入貨物の買手が当該輸入貨物を本邦に到着させることを目的として売手との間で行った売買であって、現実に当該輸入貨物が本邦に到着することとなったものをいう。

問題 5　　「買手」とは、本邦に住所、本店等の拠点を有する者であって、当該拠点において実質的に自己の計算と危険負担のもとに売手との間で輸入取引を行う者をいう。

問題 6　　「売手」とは、実質的に自己の計算と危険負担のもとに買手との間で輸入取引を行う者をいう。

解答 1 ○
根拠規定：定率法第4条～第4条の9

解答 2 ○
根拠規定：定率法第3条、定率法第4条第1項

解答 3 ○
（参考） 定率法第4条から第4条の9までの規定を実施するため、定率令第1条の4から第1条の13まで、定率規則第1条、定率通達第2節の規定が定められている。更に、これらの規定の根拠として、世界貿易機関（WTO）が定めた「関税評価協定」がある。

解答 4 ○
根拠規定：定率法第4条第1項、定率通達4－1（1）、（2）

解答 5 ○
（参考）「拠点」とは、住所、居所、本店、支店、事務所、事業所その他これらに準ずるものをいう。
根拠規定：定率法第4条ほか

解答 6 ○
根拠規定：定率法第4条ほか

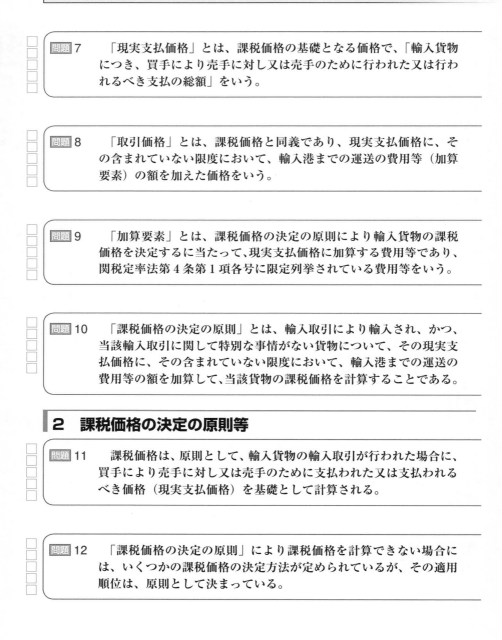

問題 7　　「現実支払価格」とは、課税価格の基礎となる価格で、「輸入貨物につき、買手により売手に対し又は売手のために行われた又は行われるべき支払の総額」をいう。

問題 8　　「取引価格」とは、課税価格と同義であり、現実支払価格に、その含まれていない限度において、輸入港までの運送の費用等（加算要素）の額を加えた価格をいう。

問題 9　　「加算要素」とは、課税価格の決定の原則により輸入貨物の課税価格を決定するに当たって、現実支払価格に加算する費用等であり、関税定率法第4条第1項各号に限定列挙されている費用等をいう。

問題 10　　「課税価格の決定の原則」とは、輸入取引により輸入され、かつ、当該輸入取引に関して特別な事情がない貨物について、その現実支払価格に、その含まれていない限度において、輸入港までの運送の費用等の額を加算して、当該貨物の課税価格を計算することである。

2　課税価格の決定の原則等

問題 11　　課税価格は、原則として、輸入貨物の輸入取引が行われた場合に、買手により売手に対し又は売手のために支払われた又は支払われるべき価格（現実支払価格）を基礎として計算される。

問題 12　　「課税価格の決定の原則」により課税価格を計算できない場合には、いくつかの課税価格の決定方法が定められているが、その適用順位は、原則として決まっている。

Level
1
要点知識の確認

解答 7　　○
根拠規定：定率法第4条第1項、定率令第1条の4本文

解答 8　　○
根拠規定：定率法第4条第1項

解答 9　　○
根拠規定：定率法第4条第1項各号

解答 10　　○
根拠規定：定率法第4条第1項、定率令第1条の4

解答 11　　○
根拠規定：定率法第4条第1項

解答 12　　○
根拠規定：定率法第4条の2～第4条の4

問題 13　関税定率法に定められている課税価格の計算方法については、輸入者は、自ら有利な計算方法を選択することができる。

問題 14　「輸入取引」における「買手」は、外国のみに拠点を有する者であってもよい。

問題 15　無償で輸入される貨物については、当該貨物の仕入書に記載された価格を基礎に課税価格を計算することができる。

問題 16　買取権付の賃貸借契約に基づいて輸入される貨物は、当該貨物の賃借料に基づいて課税価格を計算することができる。

問題 17　貨物が輸入されるまでに当該貨物について複数の取引が行われている場合には、現実に当該貨物が本邦に到着することとなった売買が「輸入取引」となる。

解答 13　×
　適用順位は、原則として、①課税価格の決定の原則による取引価格、②輸入貨物と同種又は類似の貨物の取引価格、③輸入貨物等の国内販売価格に基づく課税価格、④輸入後加工された輸入貨物の国内販売価格に基づく課税価格、⑤輸入貨物の製造原価に基づく課税価格、⑥特殊な輸入貨物の課税価格、の順である。
根拠規定：定率法第4条〜第4条の4

解答 14　×
　輸入取引における「買手」は、本邦に住所、本店、支店、事務所等の拠点を有している者でなければならない。
根拠規定：定率法第4条第1項、定率通達4−1 (1)

解答 15　×
　無償貨物は、輸入取引による貨物ではないので、当該貨物の仕入書価格を基礎に課税価格を計算することはできない。
根拠規定：定率法第4条第1項、定率通達4−1の2 (1) イ

解答 16　×
　賃貸借貨物は、輸入取引による貨物ではないので、買取権付か否かを問わず、当該貨物の賃借料を基礎に課税価格を計算することはできない。
根拠規定：定率法第4条第1項、定率通達4−1の2 (1) ニ

解答 17　○
根拠規定：定率法第4条第1項、定率通達4−1 (2)

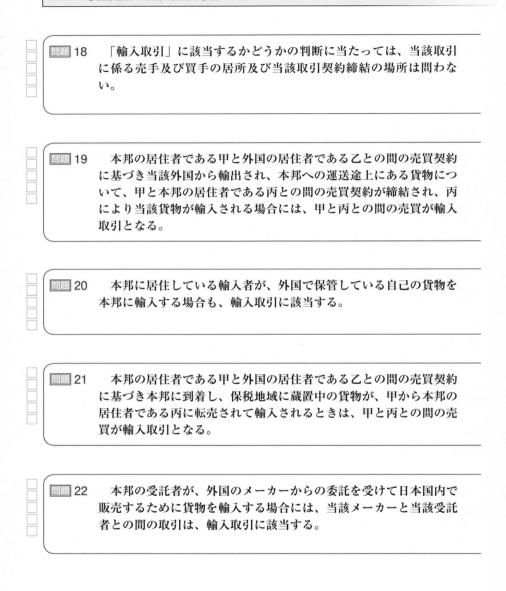

問題 18　「輸入取引」に該当するかどうかの判断に当たっては、当該取引に係る売手及び買手の居所及び当該取引契約締結の場所は問わない。

問題 19　本邦の居住者である甲と外国の居住者である乙との間の売買契約に基づき当該外国から輸出され、本邦への運送途上にある貨物について、甲と本邦の居住者である丙との間の売買契約が締結され、丙により当該貨物が輸入される場合には、甲と丙との間の売買が輸入取引となる。

問題 20　本邦に居住している輸入者が、外国で保管している自己の貨物を本邦に輸入する場合も、輸入取引に該当する。

問題 21　本邦の居住者である甲と外国の居住者である乙との間の売買契約に基づき本邦に到着し、保税地域に蔵置中の貨物が、甲から本邦の居住者である丙に転売されて輸入されるときは、甲と丙との間の売買が輸入取引となる。

問題 22　本邦の受託者が、外国のメーカーからの委託を受けて日本国内で販売するために貨物を輸入する場合には、当該メーカーと当該受託者との間の取引は、輸入取引に該当する。

解答 18　×
　売手の居所及び当該取引契約締結の場所は問わないが、買手は、本邦に住所、居所、本店等の拠点を有していなければならない。
根拠規定：定率法第4条第1項、定率通達4－1

解答 19　○
根拠規定：定率法第4条第1項、定率通達4－1（2）ロ

解答 20　×
　貨物を本邦に到着させることとなった売買がないため、輸入取引には該当しない。
根拠規定：定率法第4条第1項、定率通達4－1（1）

解答 21　×
　甲と丙との間の売買は国内取引であり、輸入取引ではない。甲と乙との間の売買が、現実に貨物を本邦に到着させることとなった売買であり、輸入取引となる。
根拠規定：定率法第4条第1項、定率通達4－1（2）ハ

解答 22　×
　本件取引は、委託販売契約によるものと認められ、売買が行われたものではないので、輸入取引には該当しない。
根拠規定：定率法第4条第1項、定率通達4－1の2（1）ロ

問題 23　委託販売契約に基づいて輸入される貨物に係る仕入書に「value for customs purpose」と記載された価格は、そのまま課税価格として採用される。

問題 24　外国の売手の代理人により本邦に輸入され、その後売手の計算と危険負担により日本国内で販売される貨物は、輸入取引による貨物である。

問題 25　外国の所有者から本邦において一定期間使用することを認められ、使用後送り返されることとなっている機械を外国から本邦に輸入する取引は、輸入取引には該当しない。

問題 26　修理代方式の修理委託契約に基づき外国において修理された後に輸入される貨物は、輸入取引により輸入される貨物に該当する。

問題 27　本邦で滅却するため、輸出者が輸入者にその滅却費用を支払うことにより輸入されるスクラップに係る取引は、輸入取引に該当する。

解答 23　×
　委託販売契約により輸入される貨物は、輸入取引による貨物ではないため、「課税価格の決定の原則」を適用することはできない。したがって、仕入書価格をそのまま課税価格とすることはできない。
根拠規定：定率法第4条第1項、定率通達4－1の2（1）ロ

解答 24　×
　外国の売手の代理人により輸入され、売手の計算と危険負担によって本邦で販売される貨物は、いわば売手が自己の貨物を輸入するものであるので、輸入取引による貨物には該当しない（売手と買手との間で締結された売買契約を履行するために売手の代理人により輸入される貨物は、輸入取引による貨物に該当する。）。
根拠規定：定率法第4条第1項、定率通達4－1の2（1）ハ

解答 25　○
　送り人に所有権が存続する貸与貨物については、売買が行われたものではないので、輸入取引には該当しない。
根拠規定：定率法第4条第1項、定率通達4－1の2（1）ホ

解答 26　×
　修理代方式の修理委託契約に基づき輸入される貨物は、その輸入及び輸出に関して売買が存在しないので、輸入取引によらない輸入貨物である。
根拠規定：定率法第4条第1項、定率通達4－1の2（1）

解答 27　×
　滅却費用を支払うことにより輸入する貨物に係る取引は、売買ではないため輸入取引に該当しない。
根拠規定：定率法第4条第1項、定率通達4－1の2（1）ト

問題 28　　同一の法人格を有する本支店間の取引による貨物の輸入は、輸入取引に該当する。

3　輸入取引に係る「特別な事情」

問題 29　　輸入取引が「特殊関係」にある者間で行われるものであっても、当該輸入取引に係る取引価格を課税価格として採用することができる場合がある。

問題 30　　売手により買手による輸入貨物の日本国内で販売する地域が制限されている場合又は日本の法令により当該輸入貨物の使用に制限が課されている場合には、「課税価格の決定の原則」によれない「特別な事情」に該当する。

問題 31　　輸入貨物の取引価格が当該輸入貨物以外の貨物の取引数量に応じて決定される旨の条件が輸入取引に付されている場合には、当該取引価格により課税価格を計算することができない。

解答 28 ×
　同一の法人格を有する本支店間の取引による輸入は、輸入取引によらない輸入である。
根拠規定：定率法第4条第1項、定率通達4－1の2（1）ヘ

解答 29 ○
　特殊関係があることにより、輸入貨物の取引価格に影響を与えていると認められる場合にのみ、「特別な事情」に該当する。したがって、当該輸入貨物の取引価格が、当該輸入貨物と同種又は類似の貨物の課税価格と同一又は近似する額であることを当該輸入貨物を輸入しようとする者が証明した場合その他当該特殊関係による当該取引価格への影響がないと認められる場合には、当該取引価格を課税価格として採用することができる。
根拠規定：定率法第4条第2項ただし書、同項第4号、定率通達4－19（1）

解答 30 ×
　買手による当該輸入貨物の処分又は使用について制限が付されている場合であっても、①販売が認められる地域についての制限　②法令により又は国若しくは地方公共団体により課され又は要求される制限　③当該輸入貨物の取引価格に実質的な影響を与えていないと認められる制限である場合には、「特別な事情」には該当せず、「課税価格の決定の原則」により課税価格を計算することができる。
根拠規定：定率法第4条第2項第1号、定率令第1条の7

解答 31 ○
　売手と買手の間で取引される輸入貨物以外の貨物の取引数量又は取引価格に依存して当該輸入貨物の取引価格が決定されるべき旨の条件その他課税価格の決定を困難とする条件が輸入取引に付されている場合は、「課税価格の決定の原則」により課税価格を計算することはできない。
根拠規定：定率法第4条第2項第2号

問題 32　　輸入貨物を日本国内で再販売した売上収益の一部を売手に送金することになっている場合には、その額が明らかでない場合であっても、「課税価格の決定の原則」により課税価格を計算することができる。

問題 33　　売手と買手との間の「特殊関係」とは、関税定率法第4条第2項第4号及び関税定率法施行令第1条の8各号のいずれかに該当する場合をいい、他の類似の関係は含まれない。

問題 34　　売買契約に基づき輸入される貨物で、売手の指示により当該貨物を展示用としてのみ使用することを条件に実質的に当該貨物の価格が引き下げられているものであっても、「課税価格の決定の原則」により課税価格を計算することができる。

問題 35　　売買契約に基づき輸入される貨物で、買手が特定の数量の他の貨物をも購入することを条件に、当該貨物の価格が10％引き下げられているものについては、「課税価格の決定の原則」により課税価格を計算することはできない。

解答 32　×
　輸入貨物の買手による処分又は使用による収益の一部であって売手に帰属するとされているものの額が明らかでない場合は、「課税価格の決定の原則」により課税価格を計算することはできない。
根拠規定：定率法第4条第2項第3号

解答 33　○
　関税定率法第4条第2項第4号には、特殊関係とは、「一方の者と他方の者とがその行う事業に関し相互に事業の取締役その他の役員になっていることその他政令で定める一方の者と他方の者との間の特殊な関係をいう。」と規定されており、これを受け定率令第1条の8には、「政令で定める特殊な関係は、一方の者と他方の者との関係が次に掲げる場合のいずれかに該当する場合における関係とする」と規定されており、限定列挙となっている。
根拠規定：定率法第4条第2項第4号、定率令第1条の8

解答 34　×
　買手による輸入貨物の使用に制限があるため、「課税価格の決定の原則」により課税価格を計算することはできない。
根拠規定：定率法第4条第2項第1号

解答 35　×
　輸入取引に付されている条件に係る額が明らかであるとき（「10％引下げ」であるからその額は明らかである。）は、課税価格の決定を困難とする条件に該当せず、当該条件に係る額(10％)は、現実支払価格に含まれるものとして、「課税価格の決定の原則」により課税価格を計算することができる。
根拠規定：定率通達4－17（2）

4 現実支払価格

問題 36　課税価格として採用できる「取引価格」とは、輸入取引がされたときに、買手により売手に対し又は売手のために現実に支払われた又は支払われるべき価格である。

問題 37　輸入貨物につき、買手により売手に対し又は売手のために現実に支払われた又は支払われるべき価格（現実支払価格）に係る支払は、金銭の移転によるものに限られる。

問題 38　仕入書に記載されている価格は、課税価格の計算の基礎となるべき「現実支払価格」である。

問題 39　輸入貨物の売買契約書に記載されている実際に買手が売手に支払うこととされている価格が「現実支払価格」である。

問題 40　「加算要素」に該当する費用等がある場合には、必ず仕入書価格に加算しなければならない。

解答 36 ×
　課税価格として採用できる「取引価格」とは、現実支払価格に、その含まれていない限度において、定率法第4条第1項各号に規定する運賃等の費用等（加算要素）の額を加えた価格である。
根拠規定：定率法第4条第1項

解答 37 ×
　債権債務の相殺による支払等もあるので、必ずしも金銭の移転を伴う支払に限られない。
根拠規定：定率通達4−2（1）

解答 38 ×
　「現実支払価格」とは、買手により売手に対し又は売手のために現実に行われた又は行われるべき支払の総額（当該売手の債務の全部又は一部の弁済その他間接的な支払を含む。）をいい、必ずしも仕入書価格にこれらがすべて記載されているとは限らない。
根拠規定：定率法第4条第1項、定率令第1条の4本文、定率通達4−2

解答 39 ×
　「現実支払価格」とは、買手により売手に対し又は売手のために現実に行われた又は行われるべき支払の総額であり、売買契約書に記載されている価格以外に別払金等の支払があれば、その別払金等も現実支払価格に含まれる。また、売買契約書に記載されている価格には、現実支払価格に含まれない輸入港到着後の運送関連費用等が含まれている場合がある。
根拠規定：定率法第4条第1項、定率令第1条の4、定率通達4−2、4−2の2

解答 40 ×
　課税価格を計算する場合には、加算要素に該当する費用等の額を「現実支払価格に含まれていない限度」で加算するのであって、必ず仕入書価格に加算するものではない。
根拠規定：定率法第4条第1項

問題 41　　輸入貨物の製造過程において買手が自己のために検査を行う（製造作業には従事しない。）場合、当該検査に要する費用は、課税価格に算入されない。

問題 42　　輸入貨物に係る取引の状況その他の事情からみて、当該輸入貨物の輸入取引をするために、買手が売手に対して仕入書価格のほかに別払金を支払った場合の現実支払価格は、当該仕入書価格に当該別払金の額を加えた額である。

問題 43　　買手に対して売手が負っている債務の額が控除されている仕入書価格は現実支払価格であり、当該仕入書価格に基づいて課税価格を計算する。

問題 44　　買手により売手のために行われた当該売手の第三者に対する債務の弁済に係る額を控除した価格が輸入貨物の仕入書価格とされている場合、当該控除された債務の弁済額は現実支払価格に含まれる。

問題 45　　輸入申告の後に行われる輸入貨物の据付け費用及び当該輸入貨物の整備費用は、現実支払価格に含まれる。

解答 41 ○

　ただし、当該検査と合わせて製造作業に従事している場合の当該業務を行う者に係る費用は、売手のために行われた間接支払に該当するため、課税価格に算入しなければならない。

根拠規定：定率法第4条第1項、定率通達4－2の3（3）

解答 42 ○

　輸入貨物の取引の状況等からみて、仕入書価格の支払に加えて、割増金、契約料等の支払（別払金）がある場合には、当該別払金の額を当該仕入書価格に加えたものが現実支払価格である。

根拠規定：定率法第4条第1項、定率通達4－2（3）、(4)、4－2の2

解答 43 ×

　控除された売手の債務の額を仕入書価格に含めたものが現実支払価格となることから、当該控除された額は課税価格に算入する。

根拠規定：定率法第4条第1項、定率令第1条の4かっこ書、定率通達4－2（3）ハ

解答 44 ○

　買手が売手のために第三者に対し債務を弁済することは、売手のための間接的な支払であり、控除された債務の弁済額は、現実支払価格に含まれる。

根拠規定：定率法第4条第1項、定率令第1条の4かっこ書、定率通達4－2（3）ロ

解答 45 ×

　輸入申告後に行われる輸入貨物に係る据付け、組立て、整備又は技術指導に要する費用は現実支払価格に含まれない。なお、据付けの関連作業が輸入申告の前に行われても、その費用は現実支払価格に含まれない。

根拠規定：定率法第4条第1項、定率令第1条の4第1号、定率通達4－2（2）イ、ロ

問題 46　　輸入貨物の納税申告の際に、当該輸入貨物に係る数量値引き又は現金値引きが確定しており、当該値引き後の価格が買手により現実に支払われているとき又は現実に支払われる予定であるときは、当該値引き後の価格が現実支払価格となる。

問題 47　　本邦到着後の輸入貨物の検疫費用、輸入通関手数料並びに買手の倉庫に搬入するための運送に要する運賃及び保険料は、現実支払価格に含まれる。

問題 48　　仕入書価格に、輸入貨物の輸入港到着後の運送費用が含まれている場合であって、当該運送費用の額を明らかにすることができるときは、当該仕入書価格からその額を控除して輸入貨物の課税価格を計算する。

問題 49　　本邦において輸入貨物に対して課される関税その他の公課は、現実支払価格に含まれない。

問題 50　　輸入貨物に係る輸入取引が延払条件付取引である場合であって、当該延払金利の額が明らかである場合には、当該延払金利の額は、現実支払価格に含まれる。

解答 46　○
根拠規定：定率法第4条第1項、定率通達4－3、4－4（2）

解答 47　×
　本邦到着後の運送関連費用は、現実支払価格に含まれない。
根拠規定：定率法第4条第1項、定率令第1条の4第2号

解答 48　○
　課税価格に算入する運送費用の額は、輸入貨物の輸入港到着までのものである。したがって、仕入書価格に輸入貨物が輸入港に到着した後の国内運送に要する費用が含まれていて、その額を明らかにすることができるときは、その額を仕入書価格から控除して課税価格を計算する。
根拠規定：定率法第4条第1項、定率令第1条の4第2号

解答 49　○
　本邦において課される関税その他の公課は、現実支払価格に含まれない。なお、「関税その他の公課」は、その性質上その額を明らかにすることができることから、現実支払価格に含まれることはない。
根拠規定：定率令第1条の4第3号、定率通達4－2（2）ハ

解答 50　×
　延払金利の額は、その額が明らかであるときは現実支払価格に含まれない。
根拠規定：定率令第1条の4第4号

問題 51　　価格調整条項付き輸入取引の場合において、当該価格調整条項が適用され、当初買手が支払った貨物代金の一部が売手から返金されたときは、当該返金された額を控除した額が現実支払価格である。

問題 52　　輸出国において輸出の際に軽減又は払戻しを受けるべき関税その他の公課の額は、現実支払価格に含まれない。

問題 53　　仕入書価格に現実支払価格から控除すべき費用が含まれているが、その額が明らかでない場合には、当該明らかにすることができない費用の額を含んだ支払の総額が現実支払価格となる。

問題 54　　輸入貨物について、買手が自己のために輸出国で行う検査に要する費用を買手が負担する場合は、当該費用の額は課税価格に算入されない。

問題 55　　輸入貨物が輸入取引に係る取引条件に従って売手から買手に引き渡されるまでの間に、当該輸入貨物が船積みの都合で輸出国で保管され、当該保管に要する費用を買手が負担する場合は、当該費用の額は現実支払価格に含まれる。

問題 56　　売手が買手に対し輸入貨物に係る保証を履行する契約を、当該輸入貨物に係る売買契約とは別に締結することを売手が買手に義務付けていると認められる場合において、買手が当該保証の費用を売手に支払うときは、当該費用は現実支払価格に含まれる。

解答 51 ○
　価格調整条項付き取引とは、例えば鉱物の含有量等により価格が変動する貨物であって、鉱物の含有量等に基づいて最終的に売買価格を決定するような取引であり、このような価格調整条項のあることが定率法第4条第2項第2号に規定する課税価格の決定を困難とする事情に該当しない限り、返金された額を控除した額が現実支払価格である。
根拠規定：定率法第4条第1項、定率令第1条の4、定率通達4－2（3）ニ

解答 52 ○
根拠規定：定率法第4条第1項かっこ書、定率通達4－6

解答 53 ○
根拠規定：定率令第1条の4ただし書

解答 54 ○
根拠規定：定率法第4条第1項、定率通達4－2の3

解答 55 ○
　輸入貨物が取引条件に従い売手から買手に引き渡されるまでの間に輸出国で保管される場合で、当該保管に要する費用を買手が負担する場合には、当該費用は、本来売手が負担すべきものであることから、現実支払価格に含める必要がある。
根拠規定：定率法第4条第1項、定率令第1条の4、定率通達4－2（5）

解答 56 ○
根拠規定：定率法第4条第1項、定率通達4－2の4（3）

問題 57　　買手が自己のために輸入貨物に係る保証の取決めを行い、当該保証の費用を負担するときは、当該費用は現実支払価格に含まれる。

問題 58　　買手が自社の株主である売手に支払う株式配当金は、当該売手から当該買手が輸入する貨物の課税価格に算入される。

問題 59　　買手が自己のために行う輸入貨物についての広告宣伝活動であって、売手の利益になると認められるものの費用の額については、現実支払価格に含まれる。

5　加算要素（運送関連費用）

問題 60　　仕入書価格が FOB 価格で記載されている場合、輸出港から本邦の輸入港に到着するまでの運賃、保険料その他運送関連費用を加算して、課税価格を計算しなければならない。

問題 61　　「輸入港」とは、本邦において外国貿易船又は外国貿易機から輸入貨物の船卸し又は取卸しがされた港をいう。

問題 62　　「輸入港に到着する」とは、輸入港において輸入貨物の船卸し等ができる状態になることをいう。

解答 57 ×

　買手が自己のために支払う保証の費用は、現実支払価格に含まれない。

根拠規定：定率通達４－２の４（4）

解答 58 ×

　株式配当金は、企業活動から生じた利益の一部を株主に分配するものであり、輸入貨物の輸入取引とは関係のないものであるので、現実支払価格には含まれず、加算要素でもないことから課税価格に算入されない。

根拠規定：定率法第４条第１項、定率通達４－２（4）

解答 59 ×

　買手が自己のために行う広告宣伝活動の費用は、売手の利益になると認められる活動に係るものであっても、現実支払価格には含まれない。

根拠規定：定率法第４条第１項、定率通達４－２（4）

解答 60 ○

　現実支払価格であるFOB価格には、運送関連費用は含まれていないが、運送関連費用は加算要素であるため、課税価格に算入される。

根拠規定：定率法第４条第１項第１号

解答 61 ○

根拠規定：定率法第４条第１項第１号、定率通達４－８（1）

解答 62 ○

　「輸入港に到着する」とは、単に輸入港の港域に到着することではなく、輸入貨物を積載してきた外国貿易船等から輸入貨物の船卸し等ができる状態になることである。

根拠規定：定率法第４条第１項第１号、定率通達４－８（2）

問題 63　輸入貨物が輸入取引の条件に従って売手から買手に引き渡された後、買手は、輸出国における輸入貨物の一時的保管料（積載予定船の到着遅延によって発生したもの）を、輸出港にある倉庫会社に支払った。買手が負担した当該保管料は、課税価格に算入される。

問題 64　輸出国での通関手数料及びコンテナ・サービス・チャージを買手が負担した場合、これらの費用の額は課税価格に算入される。

問題 65　運送契約成立後に、天災による影響により、実際に要した運賃の額が通常必要とされる運賃の額を著しく超えることとなった場合には、課税価格に含める運賃は、当該通常必要とされる運賃による。

問題 66　少量貨物の輸入に関して、運送約款に基づく最低運賃を支払った場合、当該最低運賃に基づいて課税価格を計算する。

問題 67　輸入貨物に輸入港に到着するまでの運送に係る保険が付されていない場合は、通常必要とされている保険料を含めて課税価格を計算する。

問題 68　輸入貨物に輸入港に到着するまでの海上保険が付されていない場合は、通常要すると認められる保険料として税関長が公示する額を課税価格に算入する。

解答 63　　○

　当該保管料は、加算要素である「その他当該運送に関連する費用」に該当し、輸入貨物の輸入港までの運送に関連した費用として、課税価格に算入される。
根拠規定：定率法第 4 条第 1 項第 1 号、定率通達 4 - 8 (5) イ

解答 64　　○

　輸出の際に税関手続等に要した費用及びコンテナー・サービス・チャージは、加算要素である「その他当該運送に関連する費用」として、課税価格に算入される。
根拠規定：定率法第 4 条第 1 項、定率通達 4 - 8 (5) ロ、ハ

解答 65　　○

　「著しく」超えることとなった場合であることに注意する。
根拠規定：定率令第 1 条の 5 第 1 項、定率通達 4 - 8 (8) イ

解答 66　　○

根拠規定：定率法第 4 条第 1 項第 1 号、定率通達 4 - 8 (3) イ

解答 67　　×

　輸入貨物に保険が付されていない場合において、通常必要とされる保険料を見積ることはない。
根拠規定：定率法第 4 条第 1 項第 1 号、定率通達 4 - 8 (4) イ

解答 68　　×

　輸入貨物に保険が付されていない場合において、通常必要とされる保険料を見積もることはない。なお、税関長が公示する額を使用できるのは、保険を付しているが、その保険料の額が不明のときである。
根拠規定：定率法第 4 条第 1 項第 1 号、定率通達 4 - 8 (4) イ、ハ

問題 69　輸入港に到着するまでの運賃には、輸出国における輸出港までの国内運賃（運送関連費用を含む。）が含まれる。

問題 70　仕入書価格のほかに、輸入貨物が輸入港に到着するまでの運送に要した運賃の額を買手が船会社に対して支払っている場合、その支払った運賃の額を当該仕入書価格に加えて課税価格を計算する。

問題 71　コンテナー賃借料は、輸入港に到着するまでの運賃に含まれるが、輸入港到着日の翌日以降の期間に対応する額が明らかである場合は、当該額に相当するコンテナー賃借料は、輸入港に到着するまでの運賃には含まれない。

問題 72　無償の商品見本が航空機で運送されてきた場合には、当該商品見本の航空運賃及び保険料により計算した場合の課税価格が 20 万円を超えなければ、「航空運送貨物に係る課税価格の決定の特例」が適用される。

問題 73　個人的に使用する寄贈品が外国の友人から航空便で送られてきたが、その現地購入価格が 10 万円であるので、「航空運送貨物に係る課税価格の決定の特例」が適用される。

解答 69　　○
　輸入港に到着するまでの運賃とは、輸出国内の輸出港までの運送費用を含んだ輸入貨物が輸入港に到着するまでに実際に要した運送費用である。
根拠規定：定率法第4条第1項第1号、定率通達4－8（3）

解答 70　　○
根拠規定：定率法第4条第1項第1号、定率通達4－8（6）

解答 71　　○
　輸入港到着日の翌日以降の期間に対応するコンテナー賃借料は、輸入貨物の本邦到着後の費用である。
根拠規定：定率法第4条第1項第1号、定率通達4－8（3）イ（ハ）

解答 72　　○
根拠規定：定率法第4条の6第1項、定率令第1条の13第1項

解答 73　　×
　個人的な使用のために寄贈された物品については、現地購入価格が10万円ではなく、航空運賃及び保険料を含んだ課税価格の総額が10万円以下の場合に、航空運賃特例が適用される。
根拠規定：定率法第4条の6第1項、定率令第1条の13第2項第1号

☐
☐
☐
☐

問題 74　　買手による国内販売の事情から輸入貨物の引取りを急ぐために海上運送から航空運送に変更し、その航空運賃の一部を買手が負担する場合には、「航空運送貨物に係る課税価格の決定の特例」が適用される。

6　加算要素（輸入取引関連手数料等）

☐
☐
☐
☐

問題 75　　輸入取引の成立のために売手と買手の間に立って輸入取引に関して助言等を行う者に対して買手が支払う手数料は、課税価格に算入される。

☐
☐
☐
☐

問題 76　　輸入取引に関して買手により負担される「仲介料その他の手数料」は、「買付手数料」を除き加算要素の一つである。

☐
☐
☐
☐

問題 77　　「買付手数料」とは、輸入貨物の買付けに関し買手を代理する者に対し、当該買付けに係る業務の対価として支払われるものをいう。

☐
☐
☐
☐
☐

問題 78　　手数料を受領する者が、買手を代理して行う輸入貨物の買付業務に加え、当該輸入貨物を売手の工場から輸出港まで運送する業務を行い、当該運送の対価を含む手数料を買手が支払う場合は、当該手数料の総額が買付手数料に該当する。

解答 74 ×

　運送方法の変更に伴う航空運賃特例が適用できるのは、航空運賃の全額又は船舶運賃との差額を輸入者以外の者が負担する場合で、かつ、製造の遅延等輸入者の責めに帰することができない理由により輸入貨物の本邦到着が遅延し又は遅延するおそれがある場合に限られている。

根拠規定：定率法第4条の6第1項、定率令第1条の13第2項第6号、定率通達4の6－1（13）

解答 75 ○

　設問の手数料は、輸入取引に関連して支払われるものであり、助言者が売手と買手との間で活動しているので、加算要素である「仲介料その他の手数料」に該当し、課税価格に算入される。

根拠規定：定率法第4条第1項第2号イ、定率通達4－9（2）イ

解答 76 ○

根拠規定：定率法第4条第1項第2号イ

解答 77 ○

根拠規定：定率法第4条第1項第2号イかっこ書、定率通達4－9（1）

解答 78 ×

　買手により、買付業務の対価として証明された額のみが買付手数料となる。

根拠規定：定率法第4条第1項第2号イかっこ書、定率通達4－9（3）ハ

問題 79　買手が支払う費用が買付手数料に該当するか否かの判断は、契約書等における名称のみによるものではなく、手数料を受領する者が輸入取引において果たしている役割及び提供している役務の性質を考慮して行うものとされている。

問題 80　買付手数料として認められるためには、輸入貨物の買手と手数料を受領する者との間の契約書等の文書に、買付代理人の名称が記載されていればよい。

問題 81　輸入取引において買手の代理人として輸入貨物の買付けの業務を行い、その業務の対価として手数料を受領している者が、当該輸入取引に関し売手のための代理業務も行っている場合であっても、当該手数料の額は課税価格に算入する必要はない。

問題 82　買手が売手の販売代理人に販売手数料を支払った場合には、当該販売手数料の額は課税価格に算入されない。

問題 83　輸入貨物の容器の費用で買手が負担するものは、課税価格に算入される。

問題 84　買手により負担される輸出国における輸入貨物の梱包費用は、課税価格に算入されるが、この梱包費用には、材料費のほか、人件費その他の費用が含まれる。

解答 79　○
根拠規定：定率法第4条第1項第2号イかっこ書、定率通達4 − 9（3）

解答 80　×
　手数料を受領する者が行う実際の業務の内容により判断される。
根拠規定：定率法第4条第1項第2号イ、定率通達4 − 9（3）イ

解答 81　×
　代理人が売手と買手の双方を代理している場合には、買手から支払われる手数料は買付手数料には該当しないため、この手数料の額は課税価格に算入される。
根拠規定：定率法第4条第1項第2号イ、定率通達4 − 9（3）イただし書

解答 82　×
　輸入貨物の売手による販売に関し当該売手に代わり業務を行う者に対し買手が支払う手数料は、仲介料その他の手数料に該当し、課税価格に算入される。
根拠規定：定率法第4条第1項第2号イ、定率通達4 − 9

解答 83　○
　この容器は、輸入貨物の通常の容器と同一の種類及び価値を有するものに限られ、関税定率法の規定により関税が軽減又は免除されるものを除く。
根拠規定：定率法第4条第1項第2号ロ、定率通達4 − 10

解答 84　○
根拠規定：定率法第4条第1項第2号ハ、定率通達4 − 11 なお書

7　加算要素（買手から提供された物品又は役務の費用）

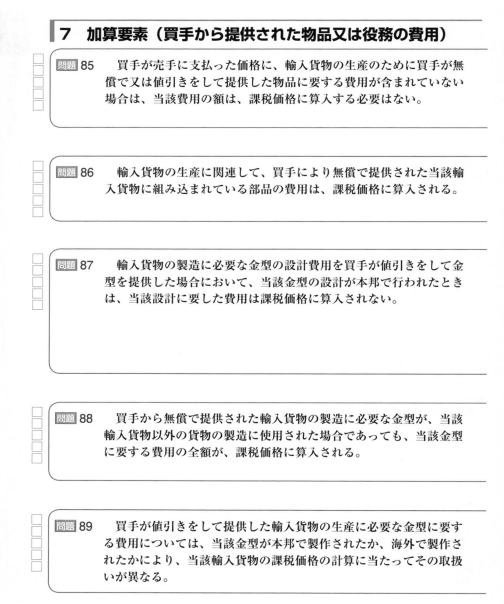

問題 85　　買手が売手に支払った価格に、輸入貨物の生産のために買手が無償で又は値引きをして提供した物品に要する費用が含まれていない場合は、当該費用の額は、課税価格に算入する必要はない。

問題 86　　輸入貨物の生産に関連して、買手により無償で提供された当該輸入貨物に組み込まれている部品の費用は、課税価格に算入される。

問題 87　　輸入貨物の製造に必要な金型の設計費用を買手が値引きをして金型を提供した場合において、当該金型の設計が本邦で行われたときは、当該設計に要した費用は課税価格に算入されない。

問題 88　　買手から無償で提供された輸入貨物の製造に必要な金型が、当該輸入貨物以外の貨物の製造に使用された場合であっても、当該金型に要する費用の全額が、課税価格に算入される。

問題 89　　買手が値引きをして提供した輸入貨物の生産に必要な金型に要する費用については、当該金型が本邦で製作されたか、海外で製作されたかにより、当該輸入貨物の課税価格の計算に当たってその取扱いが異なる。

解答 85 ×
　買手が売手に無償で又は値引きをして提供した物品に要する費用は加算要素に該当するので、当該費用の額を課税価格に算入しなければならない。
根拠規定：定率法第4条第1項第3号

解答 86 ○
根拠規定：定率法第4条第1項第3号イ

解答 87 ×
　買手が値引きをして提供した金型の設計に係る費用は、その設計が本邦で行われたか否かにかかわらず当該金型の製作に要する費用であり、加算要素に該当するので、課税価格に算入される。輸入貨物の生産のために必要とされる技術、設計等の役務そのものが買手から売手に無償で又は値引きをして提供される場合と混同しないよう注意が必要である。
根拠規定：定率法第4条第1項第3号ロ、定率通達4－12（6）ロ

解答 88 ×
　無償提供された金型が輸入貨物以外の貨物の製造に使用された場合は、当該金型に要する費用は、当該輸入貨物の製造に使用された割合に按分して、課税価格に算入する。
根拠規定：定率令第1条の5第2項前段

解答 89 ×
　買手により無償で又は値引きをして提供された金型の費用の取扱いは、その金型の製作地が本邦であるか海外であるかにより異なることはない。
根拠規定：定率法第4条第1項第3号ロ

問題 90　買手が無償で提供した輸入貨物の生産に必要な金型を、自己と特殊関係にある者から取得した場合において、加算要素となるのは、その取得費用である。

問題 91　買手が無償で又は値引きをして提供した役務に要する費用が加算要素に該当する場合における当該役務は、技術（ノウハウを含む。）、設計、考案、工芸及び意匠であって本邦以外において開発されたものに限られる。

問題 92　買手が無償で又は値引きをして提供した輸入貨物の生産に必要な物品又は役務に要する費用には、これらの物品等を提供するために要した運賃、保険料その他の費用が含まれる。

問題 93　買手が無償で提供した輸入貨物の生産に必要な物品であって、生産過程で消費されるものの費用は、課税価格に算入される。

問題 94　買手が無償で提供した輸入貨物の生産に必要な物品中に生産ロスを見込んだスペア部品等が含まれている場合には、当該スペア部品等の費用を含む当該物品の費用の総額が、課税価格に算入される。

解答 90　×

　買手が無償で又は値引きをして提供した物品が、当該買手が自ら生産したもの又は当該買手と特殊関係にある者から取得したものである場合において、加算要素となるのは、当該物品の生産費にその提供に要する費用を加えたものである。
根拠規定：定率法第4条第1項第3号ロ、定率令第1条の5第2項第1号

解答 91　○
根拠規定：定率法第4条第1項第3号ニ、定率令第1条の5第3項、定率通達4－12（4）

解答 92　○
根拠規定：定率法第4条第1項第3号、定率令第1条の5第2項前段、第4項前段

解答 93　○

　例えば、調味料、燃料、触媒等がある。
根拠規定：定率法第4条第1項第3号ハ

解答 94　○
根拠規定：定率法第4条第1項第3号、定率通達4－12（6）イ

8　加算要素（知的財産権等の使用に伴う対価）

問題 95　　輸入貨物の取引の状況その他の事情からみて、当該輸入貨物に係る輸入取引をするために、買手により直接又は間接に支払われる当該輸入貨物に係る特許権の使用に伴う対価は、課税価格に算入される。

問題 96　　本邦で輸入貨物を複製する権利の使用に伴う対価は、加算要素として課税価格に算入される。

問題 97　　輸入貨物の取引の状況その他の事情からみて、買手により支払われた当該輸入貨物を本邦において頒布し又は再販売するための権利を取得するための対価は、当該輸入貨物の輸入取引をするために支払われたものでないときは、課税価格に算入しない。

問題 98　　売手と買手との取決めにより買手が支払う輸入貨物に係る商標権の使用に伴う対価は、当該輸入貨物の取引の状況その他の事情からみて、輸入貨物を輸入するために買手が商標権者である第三者に支払う場合であっても、課税価格に算入される。

問題 99　　輸入貨物である特許発明が実施されている細菌株を本邦において純粋培養する権利の使用に伴う対価は、課税価格に算入される。

解答 95　○

　意匠権、商標権、実用新案権、著作権及び著作隣接権並びに特別の技術による生産方式その他のロイヤルティ又はライセンス料の支払の対象となるものについても同様である。

根拠規定：定率法第4条第1項第4号、定率令第1条の5第5項

解答 96　×

　輸入貨物を本邦において複製する権利（複製権）の使用に伴う対価は、加算要素ではない。

根拠規定：定率法第4条第1項第4号かっこ書

解答 97　○

　逆にいえば、輸入貨物の輸入取引をするために支払われた場合は、課税価格に算入することとなる。

根拠規定：定率法第4条第1項第4号、定率通達4 - 13（6）

解答 98　○

　なお、「第三者」が本邦に居住しているかどうかは問わない。

根拠規定：定率法第4条第1項第4号、定率令第1条の5第5項、定率通達4 - 13（4）ロ

解答 99　×

　輸入貨物を本邦で複製する権利（複製権）の使用に伴う対価は加算要素ではないため、課税価格に算入されない。

根拠規定：定率法第4条第1項第4号かっこ書、定率通達4 - 13（5）ハ

9　加算要素（売手帰属収益）

問題 100　「売手帰属収益」とは、買手による輸入貨物の処分又は使用による収益で、直接又は間接に売手に帰属するものをいう。

問題 101　輸入取引の買手が輸入貨物の再販売から生じた収益の一部を売手に支払う場合には、当該売手への支払額は、当該輸入貨物の課税価格に算入される。

■　課税価格の決定の原則によれない場合

10　同種又は類似の貨物に係る取引価格による方法

問題 102　輸入貨物の輸入者が輸入した同種の貨物に係る取引価格と他の輸入者が輸入した同種の貨物に係る取引価格の双方があるときは、輸入貨物の輸入者が輸入した同種の貨物に係る取引価格による。

問題 103　輸入貨物と同種又は類似の貨物の本邦への輸出の時期は、当該輸入貨物の輸出の日又はそれに近接する日に本邦に輸出されたものでなければならない。

問題 104　輸入貨物と同種又は類似の貨物に係る取引価格は、いずれの国で生産された同種又は類似の貨物の取引価格であってもよい。

問題 105　輸入貨物と同種又は類似の貨物に係る取引価格は、原則として、当該輸入貨物と取引段階が同一で、取引数量が実質的に同一の輸入取引がされた同種又は類似の貨物に係る取引価格による。

解答 100　○
根拠規定：定率法第 4 条第 1 項第 5 号

解答 101　○
根拠規定：定率法第 4 条第 1 項第 5 号、定率通達 4 - 14 (1)

解答 102　×
　同種又は類似の貨物に係る取引価格により輸入貨物の課税価格を決定する場合には、当該同種又は類似の貨物の輸入者の違いによる優先関係はない。
根拠規定：定率法第 4 条の 2、定率令第 1 条の 10

解答 103　○
根拠規定：定率法第 4 条の 2 第 1 項前段かっこ書

解答 104　×
　同種又は類似の貨物は、輸入貨物の生産国で生産されたものでなければならない。
根拠規定：定率法第 4 条の 2 第 1 項前段かっこ書

解答 105　○
　取引数量については、「実質的に」同一であればよいことに注意する。
根拠規定：定率法第 4 条の 2 第 1 項後段

問題 106　　輸入貨物と同種の貨物と類似の貨物の双方に係る取引価格がある場合は、最小の取引価格を用いることとされている。

問題 107　　輸入貨物の生産者が生産した同種の貨物の取引価格と、他の生産者が生産した同種の貨物の取引価格があり、当該他の生産者の取引価格の方が低い場合には、当該取引価格を採用することができる。

問題 108　　輸入貨物の生産者が生産した同種の貨物に係る取引価格が二以上ある場合は、当該取引価格のうち最小のものの取引価格による。

問題 109　　輸入貨物と同一の取引段階による同種又は類似の貨物の取引価格がない場合は、取引段階の差異及び輸入港までの運賃等の差異による価格差について必要な調整を行った後の当該輸入貨物と同種又は類似の貨物の取引価格による。

問題 110　　輸入貨物の取引価格と同種又は類似の貨物に係る取引価格との間に運賃等に相当の差異があるときは、その差異による価格差について必要な調整を行った後の当該輸入貨物と同種又は類似の貨物の取引価格による。

問題 111　　輸入貨物と同種又は類似の貨物に係る取引価格は、「課税価格の決定の原則」により課税価格とされたものでなければならない。

解答 106　×
　輸入貨物と同種の貨物と類似の貨物の双方に係る取引価格がある場合には、同種の貨物に係る取引価格が優先する。
根拠規定：定率法第4条の2第1項前段かっこ書

解答 107　×
　輸入貨物の生産者が生産した同種の貨物に係る取引価格が優先する。
根拠規定：定率法第4条の2、定率令第1条の10第1項

解答 108　○
　類似の貨物についても同様である。
根拠規定：定率法第4条の2、定率令第1条の10第2項

解答 109　○
根拠規定：定率法第4条の2第2項、定率令第1条の6第2項、第1条の10第3項

解答 110　○
根拠規定：定率法第4条の2第1項、定率令第1条の10第3項、第1条の6第2項

解答 111　○
根拠規定：定率法第4条の2第1項前段かっこ書

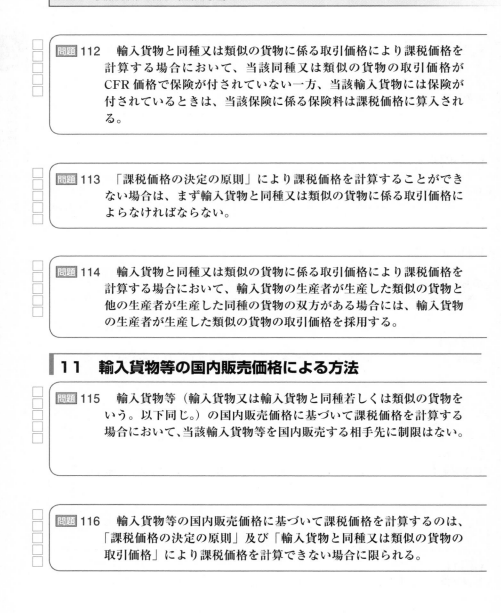

問題 112　輸入貨物と同種又は類似の貨物に係る取引価格により課税価格を計算する場合において、当該同種又は類似の貨物の取引価格がCFR価格で保険が付されていない一方、当該輸入貨物には保険が付されているときは、当該保険に係る保険料は課税価格に算入される。

問題 113　「課税価格の決定の原則」により課税価格を計算することができない場合は、まず輸入貨物と同種又は類似の貨物に係る取引価格によらなければならない。

問題 114　輸入貨物と同種又は類似の貨物に係る取引価格により課税価格を計算する場合において、輸入貨物の生産者が生産した類似の貨物と他の生産者が生産した同種の貨物の双方がある場合には、輸入貨物の生産者が生産した類似の貨物の取引価格を採用する。

11　輸入貨物等の国内販売価格による方法

問題 115　輸入貨物等（輸入貨物又は輸入貨物と同種若しくは類似の貨物をいう。以下同じ。）の国内販売価格に基づいて課税価格を計算する場合において、当該輸入貨物等を国内販売する相手先に制限はない。

問題 116　輸入貨物等の国内販売価格に基づいて課税価格を計算するのは、「課税価格の決定の原則」及び「輸入貨物と同種又は類似の貨物の取引価格」により課税価格を計算できない場合に限られる。

解答 112　○

　輸入貨物の本邦の輸入港までの運賃、保険料等と同種又は類似の貨物の本邦の輸入港までの運賃、保険料等との価格差は調整しなければならない。
根拠規定：定率法第4条の2第1項、第2項

解答 113　○
根拠規定：定率法第4条の2～第4条の4

解答 114　×

　生産者が誰であるかにかかわらず、同種の貨物の取引価格が類似の貨物の取引価格に優先する。
根拠規定：定率法第4条の2第1項前段

解答 115　×

　輸入貨物等の国内販売価格を用いることができる場合の販売相手先からは、国内における売手と特殊関係にある者及び輸入貨物の生産又は輸入取引に関して材料、工具等の物品又は役務を無償で又は値引きをして直接又は間接に提供した者は除かれる。
根拠規定：定率法第4条の3第1項第1号、定率令第1条の11第2項かっこ書

解答 116　○
根拠規定：定率法第4条の3第1項本文

問題 117　輸入貨物の国内販売価格に基づいて課税価格を計算する場合は、輸入の許可前における貨物の引取りの承認を受けて引き取られた輸入貨物の国内販売価格は採用できない。

問題 118　輸入貨物と同種又は類似の貨物の国内販売価格に基づいて課税価格を計算する場合において、当該同種又は類似の貨物は、当該輸入貨物の生産国で生産されたものでなければならない。

問題 119　輸入貨物等の国内販売価格に基づいて課税価格を計算する場合において、輸入貨物の課税物件確定の時の属する日に「近接する期間内」とは、「近接する日」であり、具体的には、おおむね当該課税物件確定の時の属する日の前後1月以内の日をいう。

問題 120　輸入貨物等の国内販売価格は、国内における売手と特殊関係のない買手に対して販売された場合の国内販売価格である。

問題 121　輸入貨物等の国内販売価格は、国内における最初の取引段階において販売された場合の単価に基づいて計算された国内販売価格である。

解答 117　×
　輸入貨物の国内販売価格には、輸入の許可前における貨物の引取り承認を受けた輸入貨物の国内販売価格も含まれる。
根拠規定：定率法第 4 条の 3 第 1 項本文かっこ書

解答 118　○
根拠規定：定率法第 4 条の 3 第 1 項かっこ書

解答 119　○
　なお、輸入貨物の課税物件確定の時の属する日又はこれに近接する日における国内販売価格がないときは、当該課税物件確定の時の属する日後 90 日以内の最も早い日における国内販売価格による。
根拠規定：定率法第 4 条の 3 第 1 項第 1 号、定率令第 1 条の 11 第 1 項、定率通達 4 の 3 － 1（3）

解答 120　○
根拠規定：定率法第 4 条の 3 第 1 項第 1 号

解答 121　○
根拠規定：定率法第 4 条の 3 第 1 項、定率令第 1 条の 11 第 2 項

問題 122　　輸入貨物等の国内販売価格は、当該輸入貨物等の課税物件確定の時の性質、形状により販売された場合の国内販売価格でなければならない。

問題 123　　輸入貨物等の国内販売価格から控除される手数料等（手数料又は利潤及び一般経費をいう。以下同じ。）の額は、輸入貨物と同種又は類似の貨物の国内における販売に係る通常の手数料等の額である。

問題 124　　輸入貨物等の国内販売価格から控除される手数料等の額を計算する場合の「同類の貨物」には、輸入貨物の場合と同一の国以外の国から輸入された貨物も含まれる。

問題 125　　同順位の輸入貨物等の国内販売価格の単価が二以上あるときは、その販売数量が最大である販売に係る単価を用いて課税価格を計算する。

問題 126　　輸入貨物等の国内販売価格に基づいて課税価格を計算する場合において、輸入貨物、輸入貨物と同種の貨物及び類似の貨物のいずれもの国内販売価格があるときは、当該輸入貨物の国内販売価格による。

問題 127　　輸入貨物の輸入者が輸入した同種の貨物の国内販売価格と、他の輸入者が輸入した同種の貨物の国内販売価格の双方がある場合は、前者の国内販売価格に基づいて課税価格を計算する。

解答 122　×
　輸入貨物等の国内販売価格は、当該輸入貨物等の国内販売価格のほか、当該国内販売価格により計算ができない場合で、かつ、輸入者が申し出た場合には、輸入貨物を加工の上国内における売手と特殊関係にない買手に販売した場合の国内販売価格を用いることができる。
根拠規定：定率法第4条の3第1項

解答 123　×
　輸入貨物等の国内販売価格から控除される手数料等の額は、輸入貨物と同種又は類似の貨物に係るものではなく、輸入貨物と同類の貨物で輸入されたものの国内における販売に係る通常の手数料等の額である。
根拠規定：定率法第4条の3第1項第1号イ

解答 124　○
根拠規定：定率法第4条の3第1項第1号イ、定率通達4の3-1（4）

解答 125　○
根拠規定：定率法第4条の3第1項、定率令第1条の11第2項かっこ書

解答 126　○
　輸入貨物の国内販売価格→同種の貨物の国内販売価格→類似の貨物の国内販売価格の順に適用される。
根拠規定：定率法第4条の3第1項、定率通達4の3-1（6）イ～ハ

解答 127　○
　類似の貨物についても同様である。
根拠規定：定率法第4条の3第1項、定率通達4の3-1（6）ニ

12　加工後の輸入貨物の国内販売価格による方法

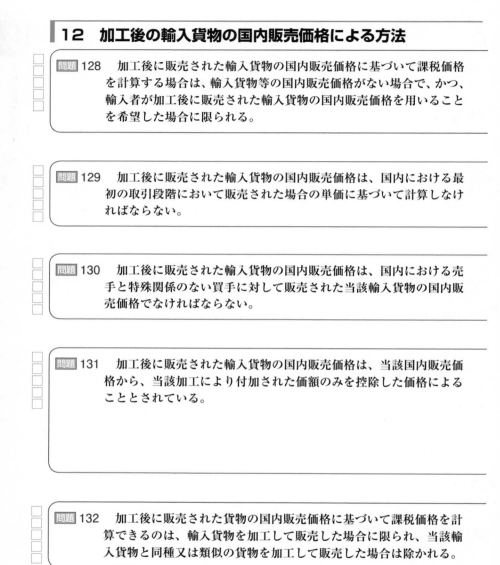

問題 128　加工後に販売された輸入貨物の国内販売価格に基づいて課税価格を計算する場合は、輸入貨物等の国内販売価格がない場合で、かつ、輸入者が加工後に販売された輸入貨物の国内販売価格を用いることを希望した場合に限られる。

問題 129　加工後に販売された輸入貨物の国内販売価格は、国内における最初の取引段階において販売された場合の単価に基づいて計算しなければならない。

問題 130　加工後に販売された輸入貨物の国内販売価格は、国内における売手と特殊関係のない買手に対して販売された当該輸入貨物の国内販売価格でなければならない。

問題 131　加工後に販売された輸入貨物の国内販売価格は、当該国内販売価格から、当該加工により付加された価額のみを控除した価格によることとされている。

問題 132　加工後に販売された貨物の国内販売価格に基づいて課税価格を計算できるのは、輸入貨物を加工して販売した場合に限られ、当該輸入貨物と同種又は類似の貨物を加工して販売した場合は除かれる。

解答 128　○
根拠規定：定率法第4条の3第1項ただし書

解答 129　○
根拠規定：定率法第4条の3第1項第2号、定率令第1条の11第2項

解答 130　○
根拠規定：定率法第4条の3第1項第2号

解答 131　×
　加工後に販売された輸入貨物の国内販売価格から控除される額は、当該加工により付加された価額に加え、①当該輸入貨物と同類の貨物で輸入されたものの国内における販売に係る通常の手数料又は利潤及び一般経費、②輸入港到着後国内において販売するまでの運送に要する通常の運賃、保険料その他当該運送に関連する費用及び③本邦において課された関税その他の公課である。
根拠規定：定率法第4条の3第1項第2号

解答 132　○
根拠規定：定率法第4条の3第1項2号

13　輸入貨物の製造原価による方法

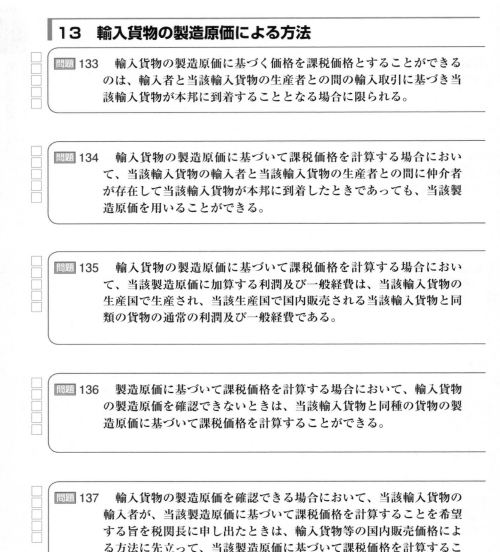

問題 133　輸入貨物の製造原価に基づく価格を課税価格とすることができるのは、輸入者と当該輸入貨物の生産者との間の輸入取引に基づき当該輸入貨物が本邦に到着することとなる場合に限られる。

問題 134　輸入貨物の製造原価に基づいて課税価格を計算する場合において、当該輸入貨物の輸入者と当該輸入貨物の生産者との間に仲介者が存在して当該輸入貨物が本邦に到着したときであっても、当該製造原価を用いることができる。

問題 135　輸入貨物の製造原価に基づいて課税価格を計算する場合において、当該製造原価に加算する利潤及び一般経費は、当該輸入貨物の生産国で生産され、当該生産国で国内販売される当該輸入貨物と同類の貨物の通常の利潤及び一般経費である。

問題 136　製造原価に基づいて課税価格を計算する場合において、輸入貨物の製造原価を確認できないときは、当該輸入貨物と同種の貨物の製造原価に基づいて課税価格を計算することができる。

問題 137　輸入貨物の製造原価を確認できる場合において、当該輸入貨物の輸入者が、当該製造原価に基づいて課税価格を計算することを希望する旨を税関長に申し出たときは、輸入貨物等の国内販売価格による方法に先立って、当該製造原価に基づいて課税価格を計算することができる。

解答 133　○
根拠規定：定率法第4条の3第2項かっこ書

解答 134　×
　輸入者と生産者との間に仲介者、代理人等が存在する場合には、定率法第4条の3第2項に規定する条件に合致しない。
根拠規定：定率法第4条の3第2項かっこ書、定率通達4の3-2（5）

解答 135　×
　輸入貨物の製造原価に加算する利潤及び一般経費は、当該輸入貨物の生産国で生産された当該輸入貨物と同類の貨物の本邦への輸出のための販売に係る通常の利潤及び一般経費である。
根拠規定：定率法第4条の3第2項

解答 136　×
　製造原価に基づいて課税価格を計算する場合には、輸入貨物の製造原価に基づくこととされており、当該輸入貨物と同種の貨物の製造原価を用いることはできない。
根拠規定：定率法第4条の3第2項

解答 137　○
根拠規定：定率法第4条の3第3項

14　特殊な輸入貨物に係る課税価格の決定の方法

問題 138　「特殊な輸入貨物に係る課税価格の決定」とは、関税定率法第4
条から第4条の3までの規定により課税価格を計算することができ
ない輸入貨物に係る課税価格を計算することである。

問題 139　関税定率法第4条から第4条の3までの規定により課税価格を計
算することができない輸入貨物の課税価格については、これらの規
定により計算される課税価格に準ずるものとして計算する方法が関
税定率法施行令で定められている。

15　その他

問題 140　課税価格を計算する場合において、当該計算の基礎となる額その
他の事項は、合理的な根拠を示す資料により証明されるものでなけ
ればならず、かつ、一般に公正妥当と認められる会計の慣行に従っ
て算定されたものでなければならない。

問題 141　関税定率法第4条の8に規定する課税価格を計算する場合の「計
算の基礎となる額その他の事項」とは、同法第4条から第4条の7
までの規定を適用して課税価格を計算するに当たって、適用条項に
規定する価格、手数料、利潤及び一般経費、費用等の額その他取引
に関する事情等をいう。

問題 142　本邦に入国する者が個人的に使用するために携帯して輸入する貨
物の課税価格は、入国者が海外で購入したときの価格による。

解答 138 ○
根拠規定：定率法第4条の4

解答 139 ○
根拠規定：定率法第4条の4、定率令第1条の12

解答 140 ○
根拠規定：定率法第4条の8

解答 141 ○
根拠規定：定率法第4条の8、定率通達4の8-1（1）

解答 142 ×
　入国者が個人的に使用するために輸入する携帯品の課税価格は、通常の卸段階で取引されたとした場合の価格であり、通常「海外小売価格×0.6」で計算される。
根拠規定：定率法第4条の6第2項、定率通達4の6-2（3）

問題 143　本邦の居住者に寄贈される個人的に使用する輸入貨物の課税価格は、当該貨物の輸入が通常の卸取引の段階でされたとした場合の価格による。

問題 144　輸入貨物が輸入申告の時までに変質又は損傷があった場合であっても、課税価格は、仕入書価格に基づいて計算しなければならない。

問題 145　輸入（納税）申告に当たり、その課税価格は、仕入書に記載された外国通貨建ての価格により申告することができる。

問題 146　外国通貨で表示された価格の本邦通貨への換算は、輸入貨物の輸入申告の日の属する週の前々週における実勢外国為替相場の当該週の平均値に基づき税関長が公示する相場による。

問題 147　データ処理機器に使用されるソフトウェアを記録したキャリアメディアの課税価格は、当該ソフトウェアの価格が当該キャリアメディアの価格と区別され、納税申告の時に仕入書等によって確認できる場合は、当該キャリアメディアの価格（当該ソフトウェアを記録するための費用等を含む。）による。

解答 143　○
根拠規定：定率法第 4 条の 6 第 2 項

解答 144　×
　輸入貨物が輸入申告前に変質又は損傷している場合は、それによる減価に相当する額を控除して課税価格を計算する。ただし、当該変質又は損傷が一定程度生じることを予想して輸入取引がされた場合は、この限りではない。
根拠規定：定率法第 4 条の 5、定率通達 4 の 5 - 1 (1)

解答 145　×
　外国通貨の本邦通貨への換算方法が決まっており、税関長が公示する外国為替相場で本邦通貨に換算して申告しなければならない。
根拠規定：定率法第 4 条の 7 第 1 項、定率規則第 1 条

解答 146　○
根拠規定：定率法第 4 条の 7、定率規則第 1 条

解答 147　○
　「ソフトウェア」には、サウンド、シネマチック及びビデオ・レコーディングは含まれないので、音楽 CD や映像 DVD については、音楽自体、映像自体の価格も課税価格に算入される。
根拠規定：定率法第 4 条、定率通達 4 - 5 (2)

Level 2

要点知識の習得
（択一問題）

課税価格の決定の原則による場合

1　課税価格の決定の原則等

問題 148　（　　）に入れるべき最も適切な語句を選びなさい。
　　　関税評価とは、輸入貨物の（　　）を決定することである。
　　　　　a. 仕入書価格
　　　　　b. 現実支払価格
　　　　　c. 課税価格

問題 149　（　　）に入れるべき最も適切な語句を選びなさい。
　　　課税価格となる取引価格とは、買手により売手に対し又は売手の
　ために、輸入貨物につき現実に支払われた又は支払われるべき価格
　に、その含まれていない限度において（　　）を加えた額である。
　　　　　a. 運賃等の加算要素に該当する費用等の額
　　　　　b. 輸出の際に軽減された関税額
　　　　　c. 本邦において課された消費税額

問題 150　（　　）に入れるべき最も適切な語句を選びなさい。
　　　輸入貨物の課税標準の基礎となる価格は、輸入取引がされたとき
　に、買手により売手に対し又は売手のために（　　）価格を用いる
　のが原則である。
　　　　　a. 現実に支払われた
　　　　　b. 現実に支払われた又は支払われるべき
　　　　　c. 支払われるべき

解答 148 c. 課税価格
「課税価格＝現実支払価格＋加算要素」である。
根拠規定：定率法第4条第1項

解答 149 a. 運賃等の加算要素に該当する費用等の額
　輸出の際に軽減又は還付された関税や本邦において課された消費税は、現実支払価格に含まれない。
根拠規定：定率法第4条第1項、定率令第1条の4第3号

解答 150 b. 現実に支払われた又は支払われるべき
　「現実に支払われた」は前払、「支払われるべき」は後払のことであり、課税価格の基礎となる現実支払価格はこれらのいずれでもよく、また、必ずしも金銭の移転によるものであることを要しない。
根拠規定：定率法第4条第1項、定率通達4－2（1）

2　輸入取引

問題 151　（　　）に入れるべき最も適切な語句を選びなさい。

輸入取引とは、本邦に拠点を有する者が買手として貨物が本邦に（　　）ことを目的として売手との間で行った売買であって、当該貨物が現実に本邦に（　　）こととなった売買をいう。

 a.　輸入される
 b.　到着する
 c.　輸出される

問題 152　（　　）に入れるべき最も適切な語句を選びなさい。

輸入取引における買手とは、本邦に拠点を有する者で、かつ、当該拠点において実質的に（　　）の計算と危険負担の下に売手との間で輸入貨物に係る輸入取引をする者をいう。

 a.　他人
 b.　自己
 c.　売手

問題 153　（　　）に入れるべき最も適切な語句を選びなさい。

外国から本邦へ引き取ることを目的として行われた売買に基づいて本邦に到着した貨物が、保税地域に蔵置中に転売されて輸入される場合には、この転売に係る売買は（　　）であり、この売買価格を課税価格とすることはできない。

 a.　輸入取引
 b.　国内取引
 c.　海外取引

解答 151　　b.　到着する
根拠規定：定率法第４条第１項、定率通達４－１（1）

Level

2

要点知識の習得

解答 152　　b.　自己
根拠規定：定率法第４条第１項、定率通達４－１（3）

解答 153　　b.　国内取引
根拠規定：定率法第４条第１項、定率通達４－１（2）ハ

問題 154　（　　）に入れるべき最も適切な語句を選びなさい。

　　売手と買手の両者が日本に居住する場合でも、貨物がその両者間の売買契約に基づいて外国から本邦に到着した場合には、この売買価格を基礎に課税価格を決定することができる。これは、関税評価に当たって、輸入取引に係る売手の（　　）は限定されていないためである。

　　　　a．職種
　　　　b．地位
　　　　c．居所

問題 155　（　　）に入れるべき最も適切な語句を選びなさい。

　　売買契約に基づいて米国から台湾へ向けて輸出された貨物が、その運送途上において、当該売買の買手と本邦に拠点を有する第三者との間で本邦へ引き取ることを目的として（　　）契約が締結され、当該第三者により当該貨物が現実に本邦に到着することとなった場合は、当該第三者を買手とする（　　）が輸入取引となる。

　　　　a．贈与
　　　　b．売買
　　　　c．委託販売

問題 156　（　　）に入れるべき最も適切な語句を選びなさい。

　　関税を課する場合の基礎となる課税価格を決定する上での輸入取引の「売手」及び「買手」は、実質的に（　　）の下に輸入貨物に係る輸入取引をする者である。

　　　　a．自己の計算と危険負担
　　　　b．自己の判断
　　　　c．自己の責任

解答 154　c.　居所
　買手については、本邦に住所、居所、本店、支店、事務所等を有していなければならない。
根拠規定：定率法第4条第1項、定率通達4－1（1）

解答 155　b.　売買
根拠規定：定率法第4条第1項、定率通達4－1（2）ロ

解答 156　a.　自己の計算と危険負担
根拠規定：定率法第4条第1項、定率通達4－1（3）

問題 157　（　　）に入れるべき最も適切な語句を選びなさい。
　　加工賃方式による委託加工貿易取引により外国において加工された製品が、現実に本邦に到着することとなった場合には、加工賃を対価とする委託者と受託者との間の取引を（　　）とみなして課税価格を計算する。
　　　　a．譲渡契約
　　　　b．賃貸契約
　　　　c．輸入取引

問題 158　（　　）に入れるべき最も適切な語句を選びなさい。
　　委託販売契約に基づいて輸入される貨物は、輸入取引により輸入されるものではないため、関税定率法第4条第1項の規定による（　　）により課税価格を決定することができないことから、同法第4条の2以下の規定に基づき課税価格を計算する。
　　　　a．国内販売価格
　　　　b．課税価格の決定の原則
　　　　c．同種の貨物に係る取引価格

問題 159　（　　）に入れるべき最も適切な語句を選びなさい。
　　外国の売手の代理人が日本国内で売手の計算と危険負担によって販売するために輸入する貨物は、（　　）による貨物ではないため、当該貨物の価格を基礎として課税価格を計算することはできない。
　　　　a．輸入取引
　　　　b．貸借契約
　　　　c．委託販売契約

解答 157 c. 輸入取引

本邦の委託者は「買手」と、受託者は「売手」と、「加工賃」は「輸入貨物につき現実に支払われた又は支払われるべき価格」とそれぞれみなされる。
根拠規定：定率法第4条第3項

解答 158 b. 課税価格の決定の原則
根拠規定：定率法第4条第1項、定率通達4−1の2（1）ロ

解答 159 a. 輸入取引
根拠規定：定率法第4条第1項、定率通達4−1の2（1）ハ

問題 160　（　　）に入れるべき最も適切な語句を選びなさい。
　　賃貸借契約に基づいて輸入される貨物は、（　　）により輸入される貨物ではないため、この契約に基づく価格を基礎に当該貨物の課税価格を計算することはできない。
　　　　a.　互恵取引
　　　　b.　輸出取引
　　　　c.　輸入取引

問題 161　（　　）に入れるべき最も適切な語句を選びなさい。
　　同一の法人格を有する本支店間の取引に基づいて輸入される貨物は（　　）であるため、当該本支店間の契約価格により課税価格を計算することはできない。
　　　　a.　無償譲渡貨物
　　　　b.　輸入取引によらない貨物
　　　　c.　貸与貨物

問題 162　（　　）に入れるべき最も適切な語句を選びなさい。
　　輸入申告をしようとする貨物に係る取引が、輸入取引ではないことが判明した。この場合の当該貨物の課税価格は、（　　）に基づき計算する。
　　　　a.　課税価格の決定の原則
　　　　b.　当該貨物の輸出国の国内市場における価格
　　　　c.　関税定率法第4条の2以下の規定

解答 160　c.　輸入取引
根拠規定：定率法第４条第１項、定率通達４－１の２（1）ニ

解答 161　b.　輸入取引によらない貨物
根拠規定：定率法第４条第１項、定率通達４－１の２（1）ヘ

解答 162　c.　関税定率法第４条の２以下の規定
　輸出国の国内市場における貨物の価格に基づいて課税価格を計算することは、関税評価協定第７条２により禁止されている（定率通達４の４－２（4）なお書ハ）。
根拠規定：定率法第４条の２、第４条の３、第４条の４

3　輸入取引に係る「特別な事情」

問題 163　（　　）に入れるべき最も適切な語句を選びなさい。
（　　）は、当該輸入貨物の輸入取引に係る「特別な事情」に該当する。
- a. 売手と買手の間に特殊関係があるが、輸入貨物の取引価格に影響を与えていない場合
- b. 輸入貨物と他の貨物との抱き合わせ販売により売買価格が決定されている場合
- c. 売手により輸入貨物の販売地域を限定するよう決められている場合

問題 164　（　　）に入れるべき最も適切な語句を選びなさい。
買手による処分又は使用について制限が付されている輸入貨物の取引価格は、原則として課税価格を決定するための基礎として採用できないこととされている。しかし、①輸入貨物の販売が認められる地域の制限、②法令又は国若しくは地方公共団体により課される制限及び③その他買手による輸入貨物の処分又は使用についての制限で当該輸入貨物の（　　）に実質的な影響を与えていないと認められるものは、当該制限に該当しないこととされている。
- a. 国内販売価格
- b. 取引価格
- c. 国内加工価格

問題 165　（　　）に入れるべき最も適切な語句を選びなさい。
輸入貨物に係る輸入取引に関し、買手による当該輸入貨物の処分につき制限がある場合であっても、当該制限が買手による輸入貨物の販売が認められる（　　）に係る制限であるときは、「課税価格の決定の原則」により課税価格を計算することができる。
- a. 地域
- b. 価格
- c. 期間

解答 163　b.　輸入貨物と他の貨物との抱き合わせ販売により売買価格が決定
　　　　　　　　されている場合
根拠規定：定率法第4条第2項第2号、定率通達4 - 17 (1)

解答 164　b.　取引価格
根拠規定：定率法第4条第2項第1号、定率令第1条の7各号

解答 165　a.　地域
根拠規定：定率法第4条第2項第1号かっこ書、定率令第1条の7第1号

問題 166　（　　）に入れるべき最も適切な語句を選びなさい。
　　輸入取引により輸入される貨物の輸入後の使用方法が、本邦の医薬品、医療機器等の品質、有効性及び安全性の確保等に関する法律の規定により制限されている場合は、当該貨物の課税価格は、（　　）により計算する。
　　　a. 関税定率法第4条第1項の規定
　　　b. 関税定率法第4条の2第1項の規定
　　　c. 関税定率法第4条の3第1項の規定

問題 167　（　　）に入れるべき最も適切な語句を選びなさい。
　　輸入貨物の輸入取引に関し、買手による当該輸入貨物の使用についての制限がある場合であっても、当該制限が当該輸入貨物の取引価格に（　　）と認められるものであるときは、当該制限があることは「課税価格の決定の原則」により課税価格を計算できないとする事情に該当しない。
　　　a. 甚大な影響を与えていない
　　　b. 実質的な影響を与えていない
　　　c. 著しい影響を与えていない

問題 168　（　　）に入れるべき最も適切な語句を選びなさい。
　　売手が、輸入貨物の買手による使用方法について「慈善用にのみ用いること」という条件を付け、通常より廉価で販売した場合には、当該輸入貨物の課税価格は、（　　）を基礎に計算することはできない。
　　　a. 当該輸入貨物と同種の貨物の取引価格
　　　b. 当該輸入貨物と同種の貨物の国内販売価格
　　　c. 当該輸入貨物の取引価格

解答 166　a. 関税定率法第4条第1項の規定

　法令による制限は、関税定率法第4条第1項の適用を排除する理由にはならない。

根拠規定：定率法第4条第1項、第2項第1号、定率令第1条の7第2号

解答 167　b. 実質的な影響を与えていない

　取引価格に影響を与える制限がある場合には、「課税価格の決定の原則」により課税価格の計算はできない（制限が取引価格に実質的に影響を与えていない場合に限り、「課税価格の決定の原則」により計算できる。）。

根拠規定：定率法第4条第2項第1号、定率令第1条の7第3号

解答 168　c. 当該輸入貨物の取引価格

　売手が付した輸入貨物の使用に係る制限によりその価格が実質的に引き下げられている場合は、課税価格の決定の原則が適用されず、関税定率法第4条の2以下の規定に基づき課税価格を計算する。aは同法第4条の2第1項の規定に基づく価格であり、bは同法第4条の3第1項の規定に基づく価格であることから、これらの価格を基礎として、課税価格を計算することはあり得る。

根拠規定：定率法第4条第2項第1号、定率通達4−16本文

問題 169　（　　）に入れるべき最も適切な語句を選びなさい。

　　　輸入貨物に係る売買契約において、当該輸入貨物以外の貨物を購入することを条件に値引きが行われている場合でも、（　　）ときは、「課税価格の決定の原則」に基づき、当該値引き額を含めた価格で課税価格を計算することができる。

　　　a. その値引き額が明らかである
　　　b. その値引き額を推計できる
　　　c. その値引き額が今後決定される

問題 170　（　　）に入れるべき最も適切な語句を選びなさい。

　　　輸入取引において、買手による輸入貨物の処分又は使用による収益の一部が売手に帰属するとの条件が付され、（　　）が明らかでない場合には、当該輸入取引に係る取引価格は課税価格として採用できない。

　　　a. 当該収益の全額
　　　b. 売手に帰属する収益の額
　　　c. 売手に帰属する収益の使途

問題 171　（　　）に入れるべき最も適切な語句を選びなさい。

　　　輸入貨物の輸入取引において、当該輸入貨物の輸入後の再販売における収益の一部が買手により売手に対して支払われることが条件とされている場合でも、その支払われる額が（　　）ときは、「課税価格の決定の原則」によって課税価格を計算することができる。

　　　a. 輸入後一定期間内に決定する
　　　b. 推測できる
　　　c. 明らかである

解答 169　a．その値引き額が明らかである
根拠規定：定率法第 4 条第 2 項第 2 号、定率通達 4 － 17（2）

解答 170　b．売手に帰属する収益の額
根拠規定：定率法第 4 条第 2 項第 3 号

解答 171　c．明らかである
根拠規定：定率法第 4 条第 1 項第 5 号

問題 172　（　　）に入れるべき最も適切な語句を選びなさい。

　　輸入取引における売手と買手との間に（　　）が存在すると認められ、かつ、当該（　　）により取引価格が影響を受けている場合には、当該取引価格を課税価格として採用することはできない。

  a.　信頼関係

  b.　特殊関係

  c.　共助関係

問題 173　（　　）に入れるべき最も適切な語句を選びなさい。

　　輸入貨物の売手と買手との間に特殊関係があり、当該特殊関係が当該輸入貨物の取引価格に影響を与えていると認められる場合であっても、当該取引価格が、当該輸入貨物と同種又は類似の貨物の課税価格と同一の額又は近似する額であることを（　　）した場合には、当該取引価格に基づき課税価格を計算することができる。

  a.　輸入者が陳述

  b.　輸入者が証明

  c.　輸入者が疎明

問題 174　（　　）に入れるべき最も適切な語句を選びなさい。

　　輸入貨物の売手と買手との間に特殊関係がある場合であっても、当該輸入貨物の価格が、当該買手と特殊関係にない他の製造者等から購入する当該輸入貨物と同種又は類似の貨物の価格（　　）又は近似していると認められる価格であるときは、当該特殊関係による当該輸入貨物の取引価格への影響はないものとされている。

  a.　と同一

  b.　と相違

  c.　を下回り

解答 172　　b.　特殊関係
根拠規定：定率法第4条第2項第4号

解答 173　　b.　輸入者が証明
　「疎明」の場合は、ある事実の存否について、一応確からしいと思わせる程度の資料の提出でよいが、「証明」の場合は、ある事実の存否について、確信を得させる程度の資料の提出が必要となる。
根拠規定：定率法第4条第2項ただし書

解答 174　　a.　と同一
根拠規定：定率法第4条第2項ただし書、定率通達4－19（1）ニ

□
□
問題 175　（　　）に入れるべき最も適切な語句を選びなさい。
□　　　輸入貨物の売手と買手との間に特殊関係があり、当該特殊関係が
□当該輸入貨物の取引価格に（　　）場合には、当該取引価格を基礎
□として課税価格を計算することができる。
　　　　a．影響を与えている
　　　　b．影響を与えていない
　　　　c．影響を与えているか与えていないか不明である

4　現実支払価格

□
□
問題 176　（　　）に入れるべき最も適切な語句を選びなさい。
□　　　輸入貨物の課税価格として採用できる取引価格とは、当該輸入貨
□物に係る輸入取引に関し買手により売手に対し（　　）価格に、そ
の含まれていない限度において関税定率法第4条第1項各号に規定
する運賃等の額を加算した価格である。
　　　　a．債権債務を相殺後に支払われた又は現実に支払われるべき
　　　　b．現実に支払われた又は支払われるべき
　　　　c．過去に支払われた又は現実に支払われるべき

□
□
問題 177　（　　）に入れるべき最も適切な語句を選びなさい。
□　　　輸入貨物に係る仕入書価格の支払に加えて当該輸入取引をするた
□めに買手により売手に対して支払われた割増金、契約料等の（　　）
は、現実支払価格に含まれる。
　　　　a．別払金
　　　　b．相殺金
　　　　c．返戻金

解答 175 b. 影響を与えていない
根拠規定：定率法第4条第2項第4号

解答 176 b. 現実に支払われた又は支払われるべき
根拠規定：定率法第4条第1項

解答 177 a. 別払金
根拠規定：定率法第4条第1項、定率通達4－2（3）、4－2の2

問題 178　（　　）に入れるべき最も適切な語句を選びなさい。

　　　輸入取引に関し買手により売手のために行われた又は行われるべき当該売手の債務の（　1　）その他の（　2　）の額は、現実支払価格に含まれる。

　　　a.　金額
　　　b.　弁済
　　　c.　間接的な支払
　　　d.　債務

問題 179　（　　）に入れるべき最も適切な語句を選びなさい。

　　　輸入貨物に係る仕入書価格の支払に加えて、当該輸入貨物の輸入取引をするために、買手により売手に対し又は売手のために行われる何らかの支払（別払金）がある場合の（　　）は、仕入書価格に当該別払金を加えた価格である。

　　　a.　契約価格
　　　b.　現実支払価格
　　　c.　支払価格

問題 180　（　　）に入れるべき最も適切な語句を選びなさい。

　　　輸入貨物に係る輸入取引が延払条件付取引である場合における延払金利でその額が（　　）は、課税価格に算入されない。

　　　a.　今後決定されるもの
　　　b.　少額のもの
　　　c.　明らかなもの

解答 178　1 ＝ b. 弁済、2 ＝ c. 間接的な支払
根拠規定：定率法第 4 条第 1 項、定率令第 1 条の 4 かっこ書

解答 179　b. 現実支払価格
根拠規定：定率法第 4 条第 1 項、定率通達 4 － 2 の 2

解答 180　c. 明らかなもの
　延払金利は、その額が明らかな場合には現実支払価格に含めない。
根拠規定：定率法第 4 条第 1 項、定率令第 1 条の 4 第 4 号

問題 181　（　　）に入れるべき最も適切な語句を選びなさい。
　　　輸入貨物の課税標準となる価格の計算に当たっては、輸出国において輸出の際に軽減又は払戻しを受けるべき（　　）は控除するものとする。
　　　a．手数料
　　　b．関税その他の公課
　　　c．奨励金

問題 182　（　　）に入れるべき最も適切な語句を選びなさい。
　　　輸入取引に現金値引き契約がある場合に、輸入貨物に係る（　　）の時までに値引き後の価格が買手により現実に支払われているときは、当該値引き後の価格が現実支払価格となる。なお、（　　）の時までに値引き後の価格が支払われていない場合であっても、当該値引き後の価格を現実に支払うことを予定している場合は、当該値引き後の価格が現実支払価格となる。
　　　a．輸入申告
　　　b．納税申告
　　　c．輸入の許可

問題 183　（　　）に入れるべき最も適切な語句を選びなさい。
　　　課税価格の計算において、輸入貨物の仕入書価格に輸入港到着後の国内運賃が含まれていることが判明した場合であっても、その国内運賃の額を明らかにできない場合の（　　）は、当該明らかにできない国内運賃の額を含んだ仕入書価格に基づいて計算する。
　　　a．支払価格
　　　b．課税価格
　　　c．輸入価格

解答 181　b.　関税その他の公課
根拠規定：定率法第4条第1項かっこ書

解答 182　b.　納税申告
　納税申告は輸入申告に併せて行うことが原則であるので、a も正しいように見えるが、特例申告貨物は輸入申告と納税申告を別に行うことから、「最も適切な語句」は b となる。
根拠規定：定率法第4条第1項、定率通達4－4（2）

解答 183　b.　課税価格
根拠規定：定率令第1条の4ただし書

問題 184　（　　）に入れるべき最も適切な語句を選びなさい。

　　売手が自己のために行った輸入貨物に係る検査に要した費用を買手が負担する場合は、当該費用は課税価格に（　1　）。買手が自己のために行った輸入貨物に係る検査に要した費用で買手が負担する場合は、当該費用は課税価格に（　2　）。
　　a.　算入される
　　b.　算入されない

問題 185　（　　）に入れるべき最も適切な語句を選びなさい。

　　輸入貨物が、その輸入取引に係る取引条件に従って売手から買手に引き渡されるまでの間に輸出国で保管される場合、当該保管に要する費用で（　　）が負担するものは、現実支払価格に含まれる。
　　a.　売手
　　b.　買手
　　c.　第三者

5　加算要素（運送関連費用）

問題 186　（　　）に入れるべき最も適切な語句を選びなさい。

　　輸入貨物に係る輸入取引がされた場合において、買手により売手に対し又は売手のために現実に支払われた又は支払われるべき価格（現実支払価格）に、当該輸入貨物を輸入港まで運送するための運賃及び保険料、買手により負担される手数料（買付手数料を除く。）等の額が含まれていないときは、（　　）が当該輸入貨物の課税価格となる。
　　a.　現実支払価格
　　b.　現実支払価格にその含まれていない額を加えた価格
　　c.　当該輸入貨物と同類の貨物に係る取引価格

解答 **184**　1 = a.　算入される、2 = b.　算入されない
根拠規定：定率法第4条第1項、定率通達4-2の3

解答 **185**　b.　買手
根拠規定：定率法第4条第1項、定率通達4-2（5）

解答 **186**　b.　現実支払価格にその含まれていない額を加えた価格
根拠規定：定率法第4条第1項

問題 187　（　　）に入れるべき最も適切な語句を選びなさい。

CFR 契約の場合で、輸入貨物が船積予定船舶の到着遅延により、当該船舶が到着するまでの間一時的に輸出港で保管される場合の当該保管に要する費用を（　　）。

    a.　買手が負担した場合は、当該費用の額は課税価格に算入されない

    b.　売手が負担した場合は、当該費用の額は課税価格に算入されない

    c.　買手と売手のいずれが負担した場合でも、当該費用の額は課税価格に算入される

問題 188　（　　）に入れるべき最も適切な語句を選びなさい。

課税価格に算入される輸入港までの運賃等は、輸入貨物の運送が特殊な事情の下に行われたことにより、実際に要した輸入港までの運賃等の額が、（　１　）運賃等の額を（　２　）超えるものである場合には、当該（　１　）運賃等とする。

  １.　a.　契約に基づく　　　２.　a.　大幅に
       b.　支払済みの　　　　　　　　b.　著しく
       c.　通常必要とされる　　　　　c.　一定額以上

問題 189　（　　）に入れるべき最も適切な語句を選びなさい。

輸入貨物の課税価格を計算するに当たって、加算要素とならないものは、（　　）である。

    a.　輸出国内で発生した運賃

    b.　輸入貨物の輸入港到着後の運賃

    c.　輸出国内における税関手続費用

解答 187　b.　売手が負担した場合は、当該費用の額は課税価格に算入されない

　輸入取引契約において輸入港までの運賃を売手が負担することとなっている場合は、当該運賃は現実支払価格に含まれるものとして取扱うので、新たに加算しない。
根拠規定：定率法第4条第1項第1号、定率通達4-8（6）イ

解答 188　1＝c.　通常必要とされる、　2＝b.　著しく
根拠規定：定率法第4条第1項第1号、定率令第1条の5第1項

解答 189　b.　輸入貨物の輸入港到着後の運賃
根拠規定：定率法第4条第1項、定率令第1条の4第2号、定率通達4-8（7）

6　加算要素（輸入取引関連手数料等）

問題 190　（　　）に入れるべき最も適切な語句を選びなさい。
　　　　輸入貨物に係る輸入取引に関し、買手により負担される当該輸入
　　貨物に係る（　　）は、課税価格に算入されない。
　　　　　a.　仲介料
　　　　　b.　買付手数料
　　　　　c.　販売手数料

問題 191　（　　）に入れるべき最も適切な語句を選びなさい。
　　　　手数料を受領する者が一の輸入取引に関し（　　）を代理してい
　　る場合には、当該手数料は買付手数料とは認められない。
　　　　　a.　買手
　　　　　b.　売手と買手の双方

7　加算要素（買手から提供された物品又は役務の費用）

問題 192　（　　）に入れるべき最も適切な語句を選びなさい。
　　　　輸入貨物の生産のために必要とされる技術、設計等の役務であっ
　　て、買手により売手に対して無償で提供されたものの費用は、当該
　　役務が（　　）において開発されたものである場合には、課税価格
　　に算入されない。
　　　　　a.　本邦
　　　　　b.　当該輸入貨物の生産国
　　　　　c.　外国

解答 190　　b．買付手数料
　買手が売手に無償で又は値引きをして提供した物品又は役務に係る買付手数料は、課税価格に算入されるので注意が必要である。
根拠規定：定率法第４条第１項第２号イかっこ書

解答 191　　b．売手と買手の双方
根拠規定：定率法第４条第１項第２号イかっこ書、定率通達４－９（３）イ第２段落ただし書

解答 192　　a．本邦
　本邦で開発した役務そのものを無償で又は値引きをして提供した場合に当該役務の費用が課税価格に算入されないということであって、本邦で開発した役務を使用した物品（例えば、本邦で作成された意匠を使用した金型）を無償で又は値引きをして提供した場合は、当該役務の費用は課税価格に算入される。
根拠規定：定率法第４条第１項第３号ニ、定率令第１条の５第３項

問題 193　（　　）に入れるべき最も適切な語句を選びなさい。

　　輸入貨物の生産のために必要とされる意匠で、外国に居所を有する日本人が（　　）において作成したものを買手が売手に対し値引きをして提供した場合は、当該意匠の費用は、課税価格に算入される。

    a.　本邦

    b.　本邦以外

    c.　本邦又は当該外国

8　加算要素（売手帰属収益）

問題 194　（　　）に入れるべき最も適切な語句を選びなさい。

　　買手による輸入貨物の処分等に係る収益で売手に帰属するものの額が（　　）ときは、課税価格に算入される。

    a.　明らかでない

    b.　決定できる

    c.　明らかである

課税価格の決定の原則によれない場合

9　同種又は類似の貨物に係る取引価格による方法

問題 195　（　　）に入れるべき最も適切な語句を選びなさい。

　　輸入貨物と同種又は類似の貨物に係る取引価格を課税価格とする場合において、当該取引価格は、「課税価格の決定の原則」により（　　）とされたものに限られる。

    a.　最低価格

    b.　課税価格

    c.　最高価格

解答 193　b．本邦以外
　売手に対し無償で又は値引きをして提供された意匠等の役務に要する費用が課税価格に算入されるかどうかは、当該役務を開発した場所が関係するのであって、開発者の居所や国籍は関係しない。
根拠規定：定率法第4条第1項第3号ニ、定率令第1条の5第3項、定率通達4－12（4）

解答 194　c．明らかである
根拠規定：定率法第4条第1項第5号

解答 195　b．課税価格
根拠規定：定率法第4条の2第1項前段かっこ書

問題 196　（　　）に入れるべき最も適切な語句を選びなさい。
　　「課税価格の決定の原則」により輸入貨物の課税価格を計算することができない場合において、当該輸入貨物と（　1　）又は（　2　）の貨物に係る取引価格があるときは、当該輸入貨物の課税価格は、当該（　1　）又は（　2　）の貨物に係る取引価格に基づいて計算する。
　　　　a.　同種
　　　　b.　類似
　　　　c.　同類

問題 197　（　　）に入れるべき最も適切な語句を選びなさい。
　　輸入貨物と同種又は類似の貨物に係る取引価格により課税価格を計算する場合において、当該同種又は類似の貨物は、当該輸入貨物の本邦への輸出の日又はこれに（　　）に本邦へ輸出されたものに限られる。
　　　　a.　先立つ日
　　　　b.　近接する日
　　　　c.　近接する期間

問題 198　（　　）に入れるべき最も適切な語句を選びなさい。
　　輸入貨物と同種又は類似の貨物に係る取引価格により課税価格を計算する場合において、当該同種又は類似の貨物は、当該輸入貨物の（　　）で生産されたものに限られる。
　　　　a.　輸出国
　　　　b.　生産工場
　　　　c.　生産国

解答 196　1 ＝ a.　同種、2 ＝ b.　類似
根拠規定：定率法第 4 条の 2 第 1 項

解答 197　b.　近接する日
根拠規定：定率法第 4 条の 2 第 1 項前段かっこ書

解答 198　c.　生産国
輸出国と生産国は必ずしも同じではないので、注意を要する。
根拠規定：定率法第 4 条の 2 第 1 項前段かっこ書

問題 199　（　　）に入れるべき最も適切な語句を選びなさい。

　　輸入貨物と同種又は類似の貨物に係る取引価格により課税価格を計算する場合において、当該取引価格は、当該輸入貨物の（　　）と同一の（　　）により輸入取引がされた同種又は類似の貨物に係る取引価格による。

　　a.　輸入取引
　　b.　取引方法
　　c.　取引段階

問題 200　（　　）に入れるべき最も適切な語句を選びなさい。

　　輸入貨物と同種又は類似の貨物に係る取引価格により課税価格を計算する場合において、当該取引価格は、当該輸入貨物の取引数量と（　　）に同一の取引数量により輸入取引がされた同種又は類似の貨物に係る取引価格による。

　　a.　実質的
　　b.　形式的
　　c.　完全

問題 201　（　　）に入れるべき最も適切な語句を選びなさい。

　　輸入貨物と同種又は類似の貨物に係る取引価格により課税価格を計算する場合において、当該輸入貨物の生産者により生産された当該輸入貨物と同種の貨物に係る取引価格が二以上あるときは、当該取引価格のうち（　　）のものの取引価格による。

　　a.　最大
　　b.　中間
　　c.　最小

解答 199　c.　取引段階
根拠規定：定率法第4条の2第1項後段

解答 200　a.　実質的
根拠規定：定率法第4条の2第1項後段

解答 201　c.　最小
類似の貨物についても同様である。
根拠規定：定率法第4条の2第1項、第2項、定率令第1条の10第2項

問題 202　（　　）に入れるべき最も適切な語句を選びなさい。

　　　輸入貨物と同種又は類似の貨物に係る取引価格により課税価格を計算する場合において、当該輸入貨物と当該輸入貨物の取引段階と同一の取引段階及び当該輸入貨物の取引数量と実質的に同一の取引数量により輸入取引がされた同種又は類似の貨物との間に、運送距離又は（　　）が異なることにより輸入港までの運賃等に相当の差異があるときは、当該取引価格は、その差異により生じた価格差につき必要な調整を行った後の取引価格による。

　　　a.　運送者

　　　b.　運送日数

　　　c.　運送形態

10　輸入貨物等の国内販売価格による方法

問題 203　（　　）に入れるべき最も適切な語句を選びなさい。

　　　輸入貨物等の国内販売価格に基づいて課税価格を計算する場合における国内販売価格は、当該輸入貨物等の課税物件確定の時における（　　）及び形状により販売された当該輸入貨物等の国内販売価格があるときは、当該国内販売価格による。

　　　a.　性質

　　　b.　品質

　　　c.　材質

問題 204　（　　）に入れるべき最も適切な語句を選びなさい。

　　　輸入貨物等の国内販売価格に基づいて課税価格を計算する場合において、輸入貨物の課税物件確定の時の属する日又はこれと近接する期間内に販売された当該輸入貨物等に係る国内販売価格がないときは、当該課税物件確定の時の属する日後（　　）以内の最も早い日における国内販売価格による。

　　　a.　45 日

　　　b.　60 日

　　　c.　90 日

解答 202　c.　運送形態
根拠規定：定率法第4条の2第1項後段、定率令第1条の10第3項

解答 203　a.　性質
　なお、課税物件確定の時における性質及び形状により販売された国内販売価格がない
ときは、課税物件確定の時の属する日後加工して販売された輸入貨物の国内販売価格に
よることができる。
根拠規定：定率法第4条の3第1項第1号

解答 204　c.　90日
根拠規定：定率法第4条の3第1項第1号、定率令第1条の11第1項

問題 205　（　　）に入れるべき最も適切な語句を選びなさい。
　　輸入貨物等の国内販売価格に基づいて課税価格を計算する場合における国内販売価格には、輸入貨物又はこれと同種若しくは類似の貨物で販売のために相互に（　　）されている貨物に係る国内販売価格も含まれる。
　　　a．加工
　　　b．混合
　　　c．補完

問題 206　（　　）に入れるべき最も適切な語句を選びなさい。
　　輸入貨物等の国内販売価格に基づいて課税価格を計算する場合において、当該輸入貨物等の国内における最初の取引段階における販売が二以上あり、その単価が異なるときは、当該国内販売価格は、当該異なる単価ごとの販売に係る数量が（　　）である販売に係る単価に基づいて計算して得られる価格とする。
　　　a．最大
　　　b．最小
　　　c．平均的

11　輸入貨物の製造原価による方法

問題 207　（　　）に入れるべき最も適切な語句を選びなさい。
　　輸入貨物の製造原価に基づいて課税価格を計算する場合に、当該製造原価に加える通常の利潤及び一般経費は、本邦への輸出のために販売される当該輸入貨物と（　　）のものとされている。
　　　a．同種の貨物
　　　b．類似の貨物
　　　c．同類の貨物

解答 205　b.　混合
根拠規定：定率法第4条の3第1項第1号、定率令第1条の11第2項かっこ書

解答 206　a.　最大
根拠規定：定率法第4条の3第1項第1号、定率令第1条の11第2項

解答 207　c.　同類の貨物
根拠規定：定率法第4条の3第2項、定率通達4の3－2（3）

問題 208　（　　）に入れるべき最も適切な語句を選びなさい。
　　輸入貨物の製造原価に基づいて課税価格を計算する場合の製造原価は、当該輸入貨物を輸入しようとする者と当該輸入貨物の（　　）との間の取引に基づき本邦に到着する当該輸入貨物の製造原価に限られている。
　　　　a.　代理人
　　　　b.　生産者
　　　　c.　仲介者

12　特殊な輸入貨物に係る課税価格の決定の方法

問題 209　（　　）に入れるべき最も適切な語句を選びなさい。
　　関税定率法第4条から第4条の3までに規定する方法による課税価格の計算の基礎となる事項の一部が、これらの規定による計算を行うために必要とされる要件を満たさないために、これらの規定によっては課税価格を計算することができない輸入貨物については、その必要とされる要件を満たさない事項につき、（　　）を加えることにより課税価格を計算することができる。
　　　　a.　適切に調整
　　　　b.　合理的な調整
　　　　c.　適宜調整

問題 210　（　　）に入れるべき最も適切な語句を選びなさい。
　　「特殊な輸入貨物」とは、関税定率法（　　）によっては課税価格を計算することができない輸入貨物をいう。
　　　　a.　第4条第1項の規定
　　　　b.　第4条から第4条の3までの規定
　　　　c.　第4条の4の規定

解答 208　b．生産者
　輸入者と生産者との間に代理人、仲介者等が介在した取引であってはならない。
根拠規定：定率法第4条の3第2項かっこ書、定率通達4の3－2（5）

解答 209　b．合理的な調整
根拠規定：定率法第4条の4、定率令第1条の12第1号

解答 210　b．第4条から第4条の3までの規定
根拠規定：定率法第4条の4

13　その他

問題 211　（　　）に入れるべき最も適切な語句を選びなさい。

輸入貨物の課税価格を計算する場合において、当該計算の基礎となる額その他の事項は、合理的な根拠を示す資料により証明されるものでなければならず、かつ、一般に公正妥当と認められる（　　）に従って算定されたものでなければならない。

  a.　試算の方法
  b.　会計の慣行
  c.　計算式

問題 212　（　　）に入れるべき最も適切な語句を選びなさい。

輸入申告前に変質又は損傷のあった場合の輸入貨物の課税価格は、当該変質又は損傷がなかったものとした場合に計算される課税価格から、その変質又は損傷があったことによる（　　）を控除して得られる価格による。

  a.　減価に相当する額
  b.　損耗額
  c.　損害額

問題 213　（　　）に入れるべき最も適切な語句を選びなさい。

輸入貨物の課税価格を計算する場合における外国為替相場は、輸入申告の日の属する週の前々週における実勢外国為替相場の当該週間の（　　）に基づき税関長が公示する相場による。

  a.　最高値
  b.　最低値
  c.　平均値

解答 211　b.　会計の慣行
根拠規定：定率法第 4 条の 8

解答 212　a.　減価に相当する額
根拠規定：定率法第 4 条の 5

解答 213　c.　平均値
根拠規定：定率法第 4 条の 7、定率規則第 1 条

Level 3

要点知識の定着
（語句記入・記述問題）

課税価格の決定の原則による場合

1　課税価格の決定の原則等

問題 214　「日本」のことを、関税法や関税定率法等においてはどのような
表現をしているか。

問題 215　輸入品に関税を課する場合の課税標準となる価格のことを関税定
率法では何というか。

問題 216　「課税価格の決定の原則」が適用できるのは、どのような場合か。

問題 217　輸入貨物の課税価格を計算するに当たり、「課税価格の決定の原
則」を適用できない場合が3つあるが、下記の2つに加えるものは
何か。
　　①　輸入取引によって輸入される貨物でない場合
　　②　輸入取引に関して「特別な事情」がある場合

問題 218　課税価格は「取引価格」とされているが、それはどのような価格
か。

解答 214　「本邦」という。
（参考）　関税法第2条、定率法第4条等

解答 215　「課税価格」という。
根拠規定：定率法第4条第1項

解答 216　輸入貨物に係る輸入取引（売買）が存在し、かつ、当該輸入取引に
　　　　　関して「特別な事情」がない場合で、課税価格について解明されない
　　　　　疑義がない場合
根拠規定：定率法第4条第1項、第2項

解答 217　課税価格への疑義が解明されない場合
根拠規定：定率法第4条、定率通達4－1の2

解答 218　「取引価格」とは、本邦に住所等の拠点を有する者を買手として、
　　　　　輸入貨物を本邦に到着させることを目的として売手との間で行った売
　　　　　買に基づいて、当該買手により当該売手に対し又は売手のために、現
　　　　　実に支払われた又は支払われるべき価格に、その含まれていない限度
　　　　　において当該輸入貨物の輸入港までの運賃等の加算要素の額を加えた
　　　　　価格をいう。
根拠規定：定率法第4条第1項、定率通達4－1（1）

Level
3
要点知識の定着

問題 219　「課税価格の決定の原則」によって課税価格を決定できない場合に、課税価格はどのような方法と順序で決定されるのか。

2　輸入取引

問題 220　輸入取引が行われた場合において、自らの計算と危険負担により貨物を輸入するという以外に、買手となり得る条件とは何か。

問題 221　大量の輸入貨物の契約を締結するに先立って、当該貨物の商品見本が無償で送付されてきた場合、この商品見本の課税価格は、どのように計算するか。

問題 222　売手の代理人により輸入され、その後売手の計算と危険負担によって本邦で販売される貨物の課税価格は、どのように計算されるか。

問題 223　輸入取引によらない輸入貨物には、どのような貨物があるか。

解答 219　原則として、以下の方法と順序により課税価格を決定する。
　　①輸入貨物と同種又は類似の貨物に係る取引価格による方法、②輸入貨物等の国内販売価格から逆算する方法、③輸入貨物を国内で加工した後の国内販売価格から逆算する方法、④輸入貨物の製造原価に積算する方法、⑤その他の特殊な方法
根拠規定：定率法第4条の2～第4条の4

解答 220　本邦に住所、居所、本店、支店、事務所、事業所その他これらに準ずる拠点を有する個人又は法人であること
根拠規定：定率法第4条第1項かっこ書、定率通達4－1（1）

解答 221　無償の商品見本は、輸入取引によらない輸入貨物であり、輸入貨物と同種又は類似の貨物に係る取引価格等により課税価格を計算する。
根拠規定：定率法第4条第1項、第4条の2～第4条の4、定率通達4－1の2（1）イ

解答 222　売手に所有権が存続する貨物は、輸入取引によらない輸入貨物であり、輸入貨物と同種又は類似の貨物に係る取引価格等により課税価格を計算する。
根拠規定：定率法第4条第1項、第4条の2～第4条の4、定率通達4－1の2（1）ハ

解答 223　無償貨物、委託販売のために輸入される貨物、賃貸借契約（買取権付きであるかどうかを問わない。）に基づき輸入される貨物、同一の法人格を有する本支店間の取引により輸入される貨物等がある。
根拠規定：定率通達4－1の2（1）

Level
3
要点知識の定着

問題 224　「委託加工貿易取引」とは、どのような取引か。

3　輸入取引に係る「特別な事情」

問題 225　買手による輸入貨物の処分又は使用の制限があっても、「課税価格の決定の原則」により課税価格を計算することができる制限とはどのようなものか。

問題 226　課税価格の決定の原則によれない「特別な事情」に該当する「買手による輸入貨物の処分又は使用につき制限がある場合」とは、どのような場合か。

問題 227　「課税価格の決定の原則」を適用できない「特別な事情」とは、どのような事情か。

解答 224　本邦の委託者から委託を受けた者（受託者）が、当該委託者から直接又は間接に提供された原料又は材料を外国において加工又は組立てをし、当該委託者が当該加工等によってできた製品を取得することを内容とする取引をいう。

（参考）　定率法第4条第3項

解答 225　「課税価格の決定の原則」に基づいて課税価格を計算することができる制限には、次のようなものがある。

①販売地域の制限、②法令、国、地方公共団体により課され又は要求される制限、③取引価格に実質的な影響を与えていないと認められる制限

根拠規定：定率法第4条第2項第1号、定率令第1条の7各号

解答 226　①売手の指示により、買手が当該輸入貨物を一定期間展示したうえで販売することを条件として、実質的に価格を引き下げて輸入取引をする場合、②売手が買手に対して、当該輸入貨物を売手と特殊関係にある者に対して販売することを条件として、実質的に価格を引き下げて輸入取引をする場合等

根拠規定：定率法第4条第2項第1号、定率通達4－16

解答 227　①買手による輸入貨物の処分又は使用について制限がある場合、②他の貨物の取引数量又は取引価格に依存して輸入貨物の取引価格が決定される等課税価格の決定を困難とする条件が付されている場合、③輸入貨物の処分又は使用による収益で売手に帰属するものとされている額が明かでない場合、④売手と買手との間の特殊関係が取引価格に影響を与えていると認められる場合

根拠規定：定率法第4条第2項各号

問題 228　輸入貨物の取引価格が、売手と買手との間で取引される当該輸入貨物以外の貨物の取引価格に依存して決定されるべき旨の条件が付されている場合でも、当該取引価格を課税価格の基礎として採用できるときがある。それはどのような場合か。

問題 229　買手による輸入貨物の処分又は使用による収益で、直接又は間接に売手に帰属するものとされている収益には、どのようなものがあるか。

問題 230　輸入取引における売手と買手との間の特殊関係とは、どのような関係をいうか。

問題 231　売手と買手との間に特殊関係がある場合の輸入取引において、「課税価格の決定の原則」を適用できる場合とは、どのような場合か。

解答 228　輸入貨物の取引価格が当該輸入貨物以外の貨物の取引価格に依存して決定される旨の条件が付されている場合でも、当該条件に係る値引等の額が明らかであるときは、当該条件に係る額は当該輸入貨物の現実支払価格に含まれるものとして、課税価格の基礎として採用することができる。

根拠規定：定率法第4条第2項第2号、定率通達4－17（2）

解答 229　当該輸入貨物の再販売等により得られる売上代金、賃貸料、加工賃等がある。

根拠規定：定率法第4条第1項第5号、定率通達4－14

解答 230　例えば、売手と買手とが次のような関係にある場合には、「特殊関係」に該当する。

　　①売手と買手が、その行う事業（輸入取引に関係があるかどうか問わない。）に関し相互に事業の取締役その他の役員になっている場合、②売手又は買手のいずれか一方の者が、他方の者を直接又は間接に支配している場合、③売手又は買手のいずれか一方の者と他方の者とが、その行う事業の法令上認められた共同経営者である場合、④いずれか一方の者が、他方の者の事業に係る議決権を伴う社外株式の5％以上を所有等している場合

根拠規定：定率法第4条第2項第4号かっこ書、定率令第1条の8

解答 231　売手と買手との間に特殊関係がある場合であっても、輸入貨物の取引価格が、特殊関係のない売手と買手との間で輸入取引がされた当該輸入貨物と同種又は類似の貨物の課税価格と同一の額又は近似する額と認められるときには、当該特殊関係が当該輸入貨物の取引価格に影響を与えていないものとして「課税価格の決定の原則」を適用することができる。

根拠規定：定率法第4条第2項ただし書

問題 232　（　　）に適切な語句を記入しなさい。
　　　売手と買手との間に特殊関係があっても、当該特殊関係が当該輸入貨物の（　　）に影響を与えていないときは、「課税価格の決定の原則」により課税価格を計算することができる。

問題 233　輸入取引に係る売手と買手が特殊関係にある場合に、「当該特殊関係が取引価格に影響を与えていないと認められる」とは、どのような場合をいうか。

4　現実支払価格

問題 234　「現実支払価格」とは、どのような価格をいうか。

問題 235　（　　）に適切な語句を記入しなさい。
　　　「現実支払価格」とは、買手により売手に対し又は（　1　）、輸入貨物の（　2　）をするために現実に行われた又は行われるべき支払の総額をいう。

解答 232　取引価格
根拠規定：定率法第4条第2項ただし書

解答 233　例えば、次のような場合が該当する。
　①輸入貨物に係る産業での通常の価格設定に関する慣行に適合する方法で当該輸入貨物の価格が設定されている場合、②輸入貨物の売手が、これと特殊関係にない本邦の買手に販売する場合の価格設定方式に適合する方法で、当該輸入貨物の価格を設定している場合、③輸入貨物の価格が、当該輸入貨物に係るすべての費用に、売手によるこれと同類の貨物の販売に係る通常の利潤を加えた額を回収するのに十分な価格である場合
根拠規定：定率法第4条第2項第4号、定率通達4－19（1）

解答 234　「現実支払価格」とは、輸入貨物について買手により売手に対し又は売手のために、現実に支払われた又は支払われるべき支払の総額（当該売手の債務の全部又は一部の弁済その他の間接的な支払の額を含む。）であり、必ずしも金銭の移転によるものであることを要しない。
根拠規定：定率法第4条第1項、定率令第1条の4本文、定率通達4－2（1）

解答 235　1＝売手のために、2＝輸入取引
根拠規定：定率法第4条第1項、定率令第1条の4本文、定率通達4－2（1）

問題 236　現実支払価格に含まれる別払金とは、どのような費用をいうか。

問題 237　輸入貨物の仕入書価格から、売手が買手に支払うべき過去の取引に係る違約金の額が控除されている場合の課税価格は、どのように計算されるか。

問題 238　輸入取引における「売手から買手に対して支払われるべき債務との相殺」とは、どのようなものをいうか。

問題 239　輸入申告の後に行う輸入貨物の整備の費用について、その額が明かな場合と明らかでない場合では、課税価格の計算方法は異なるか。

問題 240　（　　）に適切な語句を記入しなさい。
　　輸入貨物の据付けに要する役務の費用には、当該輸入貨物の（　1　）の一環として、当該輸入貨物の（　2　）に本邦において行われる作業の費用を含む。

解答 236　　別払金とは、輸入貨物に係る仕入書価格の支払に加えて、当該輸入
貨物に係る取引の状況その他の事情からみて当該輸入貨物の輸入取引
をするために買手により売手に対し又は売手のために支払われる割増
金、契約料、価格調整金等をいう。

根拠規定：定率法第 4 条第 1 項、定率通達 4 － 2 の 2（1）、（2）

解答 237　　仕入書価格から控除されている売手から買手に支払われるべき違約
金の額を、当該仕入書価格に加えて課税価格を計算する。

根拠規定：定率令第 1 条の 4 本文かっこ書

解答 238　　過去の売手と買手との間の取引等で、売手が買手に対して何らかの
支払うべき債務（違約金等）を負っている場合に、輸入貨物の輸入取
引において、当該債務の支払のために、当該輸入貨物の取引価格から
当該債務の額を控除することをいう。

根拠規定：定率法第 4 条第 1 項、定率令第 1 条の 4 本文かっこ書、定率通達 4 － 2（3）
ハ

解答 239　　輸入申告の時の属する日以後における輸入貨物の整備の費用が仕入
書価格に含まれている場合においては、当該費用の額が明らかなとき
はその額を現実支払価格に含めないが、当該費用の額が明らかでない
ときはその額を含めて課税価格を計算する。

根拠規定：定率令第 1 条の 4

解答 240　　1 ＝据付作業、2 ＝輸入前
根拠規定：定率令第 1 条の 4、定率通達 4 － 2（2）イ

Level

3

要点知識の定着

問題 241　（　　）に適切な語句を記入しなさい。

　　課税物件確定の時の属する日以後に行われる輸入貨物に係る（　1　）、（　2　）、整備又は技術指導に要する役務の費用は、その額が明らかである場合には、現実支払価格に含まれない。

問題 242　（　　）に適切な語句を記入しなさい。

　　本邦において輸入貨物に対して課される関税その他の（　　）は、課税価格に算入されない。

問題 243　（　　）に適切な語句を記入しなさい。

　　輸入貨物に係る輸入取引が延払条件付取引である場合における（　　）は、その額が明らかである場合には、現実支払価格に含まれない。

問題 244　買手が仕入書価格を支払った後に、価格調整条項の適用によりその支払額の一部が売手から返金された場合の現実支払価格の計算は、どのように行うか。

問題 245　「現実支払価格」に含まれない費用には、どのような費用があるか。

解答 241　1＝据付け（組立て）、2＝組立て（据付け）
根拠規定：定率令第1条の4第1号

解答 242　公課
根拠規定：定率法第4条第1項、定率令第1条の4第3号

解答 243　延払金利
根拠規定：定率令第1条の4第4号

解答 244　輸入貨物の輸入取引において、価格調整条項の適用により当該輸入貨物の取引価格について調整が行われ、支払済額の一部が売手から買手に返金された場合の現実支払価格は、当該支払済額からその返金額を控除した価格である。
根拠規定：定率法第4条第1項、定率通達4－2の2（3）

解答 245　①輸入申告の時以後に行われる据付け、組立て、整備、技術指導に要する役務の費用、②輸入港到着後の運賃、保険料等の運送に要する費用、③本邦で課される関税その他の公課、④延払条件付取引である場合の延払金利である。
根拠規定：定率令第1条の4各号

問題 246　買手は、精密機械を輸入するに当たって、危険負担を回避するため、買手の工場に据え付けたうえで当該精密機械の引渡しを受ける条件で売買契約を締結した。この場合に、輸入通関（課税価格）の観点から、売手に対し、仕入書の作成に当たって指示すべき注意点は何か。

問題 247　（　　）に適切な語句を記入しなさい。
　　輸出国において輸出の際に軽減又は払戻しを受けるべき関税その他の（　　）は、現実支払価格に含まれない。

問題 248　（　　）に適切な語句を記入しなさい。
　　輸入貨物の輸入取引において、（　　）の取引数量に応じた値引きが与えられる条件が付されている場合の値引き額は、課税価格に算入されない。

5　加算要素（運送関連費用）

問題 249　（　　）に適切な語句を記入しなさい。
　　「輸入港」とは、本邦において外国貿易船又は外国貿易機から輸入貨物が（　1　）又は（　2　）がされた港をいう。

問題 250　「加算要素」とは、どのような費用等をいうか。

解答 246 適正な課税価格を計算するために、当該精密機械の輸入港から買手の工場までの運送費用、買手の工場に据え付けるための費用等、輸入港到着後に発生する費用を仕入書等に明記すること。
根拠規定：定率法第4条第1項、定率令第1条の4

解答 247 公課
　この場合の公課とは、輸出国において輸入貨物に課せられるべき関税、内国税その他の租税及び課徴金をいう。
根拠規定：定率法第4条第1項かっこ書、定率通達4-6

解答 248 当該輸入貨物
　数量値引きが認められるためには、輸入貨物の納税申告の際に当該値引きが確定しており、かつ、現実に当該値引き後の価格が支払われることが必要である。
根拠規定：定率法第4条第1項、定率通達4-3

解答 249 1＝船卸し、2＝取卸し
根拠規定：定率法第4条第1項第1号、定率通達4-8（1）

解答 250 「加算要素」とは、定率法第4条第1項第1号から第5号までに限定列挙されている輸入港までの運賃等であり、現実支払価格に含まれていない限度において課税価格に算入されるものをいう。
根拠規定：定率法第4条第1項

問題 251　課税価格に算入される加算要素には、どのような費用等があるか。

問題 252　輸入貨物の仕入書価格に輸入港到着後の本邦での運送に係る費用が含まれている場合の課税価格の計算は、どのように行うか。

問題 253　（　　）に適切な語句を記入しなさい。
「輸入港に到着する」とは、外国貿易船又は外国貿易機が単に輸入港の港域に到着するのではなく、（　　）（仮陸揚げを除く。）ができる状態になることをいう。

問題 254　輸入港に到着するまでの運送に要する費用で、課税価格に算入すべきものは、運賃以外にどのような費用があるか。

問題 255　輸入貨物の輸入港までの運送が特殊な事情の下に行われたことにより、実際に要した運賃の額が通常必要とされている運賃の額を著しく超えることとなった場合の課税価格に算入する運賃の額は、どのように計算するか。

解答 251　①輸入港までの運賃、保険料等運送に要する費用、②買手が支払う仲介料その他の手数料、③輸入貨物の生産及び輸入取引に関連して買手により売手に対し無償で又は値引きをして提供された物品又は役務に要する費用、④輸入貨物の取引の状況その他の事情からみて輸入貨物の輸入取引をするために買手により支払われる輸入貨物に係る特許権等の使用に伴う対価、⑤買手による輸入貨物の処分又は使用による収益で直接又は間接に売手に帰属するもの

根拠規定：定率法第4条第1項第1号～第5号

解答 252　仕入書価格に、輸入港到着後の運送等に要する費用が含まれている場合には、その額が明らかであるときは、当該額を仕入書価格から控除して課税価格を計算するが、その額が明らかでないときは、当該額を含んだ仕入書価格に基づいて課税価格を計算する。

根拠規定：定率令第1条の4

解答 253　輸入貨物の船卸し又は取卸し
根拠規定：定率法第4条第1項第1号、定率通達4-8（2）

解答 254　保険料、コンテナー賃借料、輸出国におけるコンテナー・サービス・チャージ、輸出国における積込み前の一時的保管料、輸出の際に要した税関手続費用等がある。

根拠規定：定率法第4条第1項、定率通達4-8

解答 255　輸入港までの実際に要した運賃の額ではなく、通常必要とされる輸入港までの運賃の額を課税価格に算入する。

根拠規定：定率令第1条の5第1項、定率通達4-8（8）イ

問題 256　輸入者の責めに帰することができない理由（災害等）により、運送方法、運送経路等を変更したため、実際の運送費用が通常の運送費用を著しく超えた場合には、課税価格はどのように計算するか。

問題 257　少量の輸入貨物が運送契約に基づき運送され、当該契約に定める最低運賃が支払われた場合、課税価格に算入する輸入港までの運賃は、どのように計算するか。

問題 258　（　　）に適切な語句を記入しなさい。
　　輸入貨物の課税価格に算入する運賃は、当該輸入貨物に係る輸出国内での運賃と、輸出国の（　1　）から本邦の（　2　）までの運賃である。

問題 259　輸入貨物の課税価格に算入する運賃とは、輸入貨物が本邦の輸入港に到着するまでに実際に要した運賃をいうが、当該輸入貨物の輸出港から輸入港までの運送に要した運賃のほか、どのような運賃が含まれるか。

問題 260　「航空運送貨物に係る課税価格の決定の特例」とは、どのような特例か。

解答 256　通常必要とされる輸入港までの運賃等により、課税価格を計算する。
根拠規定：定率令第1条の5第1項、定率通達4－8（8）イ

解答 257　実際に支払われた最低運賃により、運賃の額を計算する。
根拠規定：定率法第4条第1項第1号、定率通達4－8（3）イ

解答 258　1＝輸出港、2＝輸入港
根拠規定：定率法第4条第1項第1号、定率通達4－8（3）

解答 259　輸入貨物に係る輸出国における国内運賃も含まれる。
根拠規定：定率法第4条第1項第1号、定率通達4－8（3）

解答 260　輸入貨物が航空機により運送された貨物である場合において、無償の見本（航空機による運賃、保険料に基づいて計算した課税価格が20万円を超えないもの）、災害の救助、公衆の衛生の保持その他これらに準ずる目的のために緊急輸入される貨物その他これらに類する貨物について、航空機以外の通常の運送方法による運賃及び保険料に基づいて課税価格を計算することである。
根拠規定：定率法第4条の6第1項、定率令第1条の13

問題 261　（　）に適切な語句を記入しなさい。

「航空運送貨物に係る課税価格の決定の特例」が適用される無償の商品見本は、航空機による（　1　）及び保険料により計算した場合の課税価格が（　2　）万円を超えない貨物である。

問題 262　航空機で輸入される貨物のうち、航空機による運送方法以外の通常の運送方法による輸入港までの運賃が適用される輸入貨物で、その適用に当たって金額制限があるものには、どのような貨物があるか。

問題 263　外国の法人から本邦に住所を有する者に、その個人的な使用に供するために寄贈された物品の課税価格の計算に当たっては、「航空運送貨物に係る課税価格の決定の特例」の適用があるが、その条件は何か。

問題 264　修繕又は取替えのため無償で輸入された貨物が、航空機により本邦に運送された場合の当該貨物の課税価格は、どのように計算されるか。

解答 **261**　1＝運賃、2＝20
　無償の商品見本であっても、航空運賃及び保険料を含んだ課税価格が 20 万円を超えないものでなければ、当該航空運賃特例の適用はない。
根拠規定：定率法第 4 条の 6 第 1 項、定率令第 1 条の 13 第 1 項

解答 **262**　無償の見本品（20 万円を超えないもの）、外国の居住者から本邦の居住者への個人的な使用に供するための寄贈品（10 万円以下のもの）、本邦へ入国する者が個人的に使用するもの又は職業上必要な器具（20 万円以下のもの）がある。
　（注）この金額は、航空機による運賃、保険料に基づいて計算した課税価格である。
根拠規定：定率法第 4 条の 6、定率令第 1 条の 13 第 1 項、第 2 項第 1 号、第 4 号、第 5 号

解答 **263**　航空機による運賃及び保険料により計算した場合の寄贈物品の課税価格が 10 万円以下であることである。
根拠規定：定率法第 4 条の 6、定率令第 1 条の 13 第 2 項第 1 号

解答 **264**　貨物については、定率法第 4 条の 2 以下の規定により、運賃及び保険料については、航空機による運送方法以外の通常の運送方法による運賃及び保険料の額に基づいて課税価格を計算する。
根拠規定：定率法第 4 条の 6 第 1 項、定率令第 1 条の 13 第 1 項第 7 号

Level

3

要点知識の定着

問題 265　「航空貨物に係る課税価格の決定の特例」が適用される貨物には、
どのようなものがあるか。

6　加算要素（輸入取引関連手数料等）

問題 266　課税価格に算入される「仲介料」とは、どのような者に支払う手
数料をいうか。

問題 267　課税価格に算入される「販売手数料」とは、どのような者に支払
う手数料をいうか。

解答 265　①航空機による運賃、保険料に基づいて計算した課税価格が 20 万円を超えない無償の商品見本、製作見本等

②災害の救助等の救じゅつ品

③航空機による運賃、保険料に基づいて計算した課税価格の総額が 10 万円以下の外国居住者から本邦居住者への個人的寄贈品

④ニュース写真、ニュースフィルム等で日刊新聞の掲載用、ラジオ等の放送用に供するもの

⑤本邦で航空事業を営む者が当該事業に使用するために輸入する航空機用品、整備用品、事務用品であって、その者の事業に使用する航空機によって運送されたもの

⑥航空機による運賃、保険料に基づいて計算した課税価格の総額が 20 万円以下の入国者が携帯又は別送して輸入する個人的使用物品及び職業上必要な器具（自動車等を除く。）

⑦航空機以外の運送方法により運送されることになっていた輸入貨物で、製作遅延その他輸入者の責めに帰すことができない理由により本邦への到着が遅延するおそれが生じたため、輸入者以外の者が運送方法の変更に伴う費用を負担することにより航空機によって運送されたもの

⑧修繕又は取替えのため無償で輸入される貨物等

根拠規定：定率法第 4 条の 6 第 1 項、定率令第 1 条の 13、定率通達 4 の 6－1

解答 266　輸入貨物の売手及び買手のために、輸入取引の成立のための仲介業務を行う者（仲介者）に対して、買手が支払う手数料のことである。

根拠規定：定率法第 4 条第 1 項第 2 号、定率通達 4－9（1）

解答 267　輸入貨物の売手による販売に関し売手に代わり（当該売手の管理の下で、売手の計算と危険負担により、売手の名において）業務を行う者（受注、貨物の保管、クレーム処理等の業務を行う者）に対して、買手が支払う手数料のことである。

根拠規定：定率法第 4 条第 1 項第 2 号、定率通達 4－9（2）ロ

問題 268　課税価格に算入されない「買付手数料」とは、どのような者に支払う手数料をいうか。

問題 269　輸入貨物に係る輸入取引に関し、買手により負担される仲介料その他の手数料のうち、課税価格に算入されないものは何か。

問題 270　買手が輸入貨物に係る輸入取引に関して負担する手数料のうち、課税価格に算入されるものは何か。

問題 271　買付手数料を受領する者が、買手の代理人として通常行う輸入貨物の買付けに係る業務には、どのようなものがあるか。

解答 268 　買手が輸入貨物を購入するに際して、買手に代わり当該輸入貨物の買付業務を行う買付代理人（買手の管理下で買手の計算と危険負担により買付業務を行う者）に対して、当該買付業務の対価として買手が支払う手数料のことである。

根拠規定：定率法第4条第1項第2号イかっこ書、定率通達4－9（1）、（3）

解答 269 　買手が輸入貨物を購入するに際して、買手に代わり当該輸入貨物の買付けを行う買付代理人（買手の管理下で買手の計算と危険負担により買付業務を行う者）に対して、当該買付業務の対価として買手が支払う「買付手数料」は、課税価格に算入しない。

根拠規定：定率法第4条第1項第2号イかっこ書

解答 270 　「買付手数料」以外の手数料は、課税価格に算入する。例えば次のような手数料である。
①輸入貨物の売手及び買手のために、当該輸入取引の成立のための仲介業務を行う者（仲介者）に対して買手が支払う仲介料
②輸入貨物の売手による販売に関し、売手に代わり業務を行う者（販売代理人）に対して買手が支払う販売手数料

根拠規定：定率法第4条第1項第2号イ、定率通達4－9（2）

解答 271 　①輸入貨物の契約の成立までの業務（例えば、供給者を探し、買手の要求を売手に通知し、見本を集める業務）
②商品の引渡しに関する業務（例えば、貨物を検査し、貨物についての付保、運送、保管、引渡しを手配する業務）
③決済の代行に関する業務
④クレーム処理に関する交渉を行う業務
等

根拠規定：定率通達4－9（3）イ

Level
3
要点知識の定着

問題 272　輸入貨物に係る輸入取引に関し、買手により負担される当該輸入貨物の包装に要する費用は、売手以外の第三者に対して支払われる場合には、課税価格に算入されない。（正誤問題）

7　加算要素（買手から提供された物品又は役務の費用）

問題 273　輸入貨物の買手が売手に無償で提供した容器には、本邦で開発された意匠が使用されているが、この意匠の費用は課税価格に算入される。（正誤問題）

問題 274　輸入貨物の生産の過程で消費される物品に要する費用であって、課税価格に算入されるものには、どのようなものがあるか。

問題 275　課税価格に算入される役務に要する費用には、どのようなものがあるか。

問題 276　我が国の法令により表示することが義務付けられている事項のみが表示されているラベルを買手が売手に無償で提供した場合には、そのラベルに要する費用は、課税価格に算入される。（正誤問題）

解答 272　×
　買手により負担される輸入貨物の包装に要する費用は、支払先に関係なく、課税価格に算入する。
根拠規定：定率法第4条第1項第2号ハ、定率通達4－11

解答 273　○
　買手により売手に対して無償で又は値引きをして提供された物品に使用された他の物品又は役務（本邦において開発されたものを含む。）の費用は、課税価格に算入する。
根拠規定：定率法第4条第1項第3号イ、定率通達4－12（6）ロ

解答 274　燃料、触媒等に係る費用がある。
根拠規定：定率法第4条第1項第3号ハ、定率通達4－12（3）

解答 275　輸入貨物の生産に関する役務で本邦以外において開発された技術、設計、考案、工芸及び意匠に要する費用がある。
根拠規定：定率法第4条第1項第3号ニ、定率令第1条の5第3項

解答 276　×
　我が国の法令により表示することが義務付けられている事項のみが表示されているラベルの費用については、課税価格に算入される「輸入貨物に組み込まれている材料、部分品又はこれらに類するものに要する費用」から除かれている。
根拠規定：定率法第4条第1項第3号イ、定率通達4－12（1）ただし書

Level
3

要点知識の定着

問題 277　（　　）に適切な語句を記入しなさい。

　　輸入貨物の生産のために必要とされた設計であって、買手により売手に対して値引きをして提供されたものに要する費用は、当該設計が（　　）において開発されたものである場合には、課税価格に算入されない。

問題 278　輸入貨物の生産及び輸入取引に関連して、買手により「無償で又は値引きをして」直接又は間接に提供した物品又は役務の費用であって、課税価格に算入されるものは何か。

8　加算要素（知的財産権等の使用に伴う対価）

問題 279　課税価格に算入される知的財産権等の使用に伴う対価で、特許権、意匠権、商標権の使用に伴う対価以外のものとしては何があるか。

問題 280　買手が売手又は権利者に対して支払う特許権等の使用に伴う対価は、どのような条件に該当すれば課税価格に算入されることになるか。

解答 277　本邦

根拠規定：定率法第4条第1項第3号ニ、定率令第1条の5第3項

解答 278　①輸入貨物に組み込まれている材料、部分品等の費用、②輸入貨物の生産のために使用された工具、鋳型等の費用、③輸入貨物の生産の過程で消費された物品の費用、④本邦以外において開発された輸入貨物の生産に関する技術、設計、考案、工芸及び意匠の費用

根拠規定：定率法第4条第1項第3号、定率令第1条の5第3項、定率通達4－12

解答 279　実用新案権、著作権、著作隣接権、特別の技術による生産方式その他のロイヤルティ又はライセンス料の支払の対象となるものの使用に伴う対価がある。

根拠規定：定率令第1条の5第5項

解答 280　買手が支払う特許権等の使用に伴う対価は、①「輸入貨物に係るもの」であり、かつ、②「輸入取引の状況その他の事情からみて輸入取引をするため」に支払われるものである場合には、課税価格に算入される。

　　この「輸入貨物に係る」とは、輸入貨物が特許発明品である場合、意匠（模様、形状等）を有している場合、商標を付したものである場合などをいい、「輸入取引をするために」とは、輸入貨物の輸入取引をするために特許料等の支払が義務付けられている場合などをいう。

根拠規定：定率法第4条第1項第4号、定率通達4－13

Level 3　要点知識の定着

9　加算要素（売手帰属収益）

問題 281　　買手による輸入貨物の処分等に係る収益で売手に帰属するものがある場合に、当該収益の額が明らかでないときは、課税価格はどのような方法で計算するか。

問題 282　　輸入貨物の利潤分配取引に基づき買手が売手に分配する利潤は、「輸入貨物の処分又は使用による収益で売手に帰属するもの」として、課税価格に算入される。（正誤問題）

課税価格の決定の原則によれない場合

10　同種又は類似の貨物に係る取引価格による方法

問題 283　　課税価格の決定の原則によって課税価格を計算することができないのは、どのような場合か。

問題 284　　課税価格を計算する場合に用いられる「同種の貨物」とは、どのような貨物か。

問題 285　　課税価格を計算する場合に用いられる「類似の貨物」とは、どのような貨物か。

解答 281　定率法第 4 条の 2 （同種又は類似の貨物に係る取引価格による課税
価格の決定）以下の規定により課税価格を計算する。
根拠規定：定率法第 4 条第 2 項第 3 号

解答 282　○
根拠規定：定率法第 4 条第 1 項第 5 号、定率通達 4 - 14 （2）

解答 283　①輸入取引がない貨物を輸入する場合、②輸入取引に関し、定率法
第 4 条第 2 項各号に掲げる特別の事情がある場合、③輸入貨物の課税
価格への疑義が解明されない場合のいずれかがある場合である。
根拠規定：定率法第 4 条第 1 項、第 2 項、定率通達 4 - 1 の 2

解答 284　「同種の貨物」とは、形状、品質及び社会的評価を含むすべての点
で輸入貨物と同一である貨物（外見上微細な差異があっても他の点で
同一であるものを含む。）のことをいう。
根拠規定：定率法第 4 条の 2 第 1 項、定率通達 4 の 2 - 1 （1）

解答 285　「類似の貨物」とは、輸入貨物とすべての点において同一ではないが、
同様の形状及び材質の貨物であって、当該輸入貨物と同一の機能を有
し、かつ、当該輸入貨物と商業上交換可能な貨物のことをいう。
根拠規定：定率法第 4 条の 2 第 1 項、定率通達 4 の 2 - 1 （2）

問題 286　化学組成、仕上げ及びサイズが同一の鋼板であるが、一方は自動車の車体用に、他方は炉の外装用に使用するために輸入される。双方は、同種の貨物と認められる。（正誤問題）

問題 287　品質及び形状が同一の壁紙が、一方は室内装飾業者により、他方は卸売業者により異なる価格で輸入される。双方は同種の貨物と認められる。（正誤問題）

問題 288　同一の生産国の異なる者により生産された同一サイズのゴム製の自動車用タイヤチューブが輸入される。いずれもそのサイズ、材質、機能、規格、品質において同一であり、同程度の社会的評価を有しているが、異なる商標を使用している。双方は同種の貨物と認められる。（正誤問題）

問題 289　（　　）に適切な語句を記入しなさい。
課税価格を計算する際に用いられる輸入貨物と同種又は類似の貨物は、当該輸入貨物の本邦への（　1　）の日又はこれに近接する日に本邦へ（　1　）されたもので、当該輸入貨物の（　2　）国で（　2　）されたものに限られる。

問題 290　（　　）に適切な語句を記入しなさい。
輸入貨物と同種又は類似の貨物に係る取引価格により課税価格を計算する場合において、同種の貨物に係る取引価格と類似の貨物に係る取引価格の双方があるときは、（　　）の貨物に係る取引価格による。

解答 286　○
　すべての点において同一であれば、使用目的に係る差異は問わないことから、双方は同種の貨物である。
根拠規定：定率通達4の2－1（1）

解答 287　○
　室内装飾業者と卸売業者とが異なる価格で壁紙を輸入したとしても、他のすべての点において同一であれば、双方は同種の貨物である。価格そのものは同種の貨物であるか否かを判断する要素ではない。
根拠規定：定率通達4の2－1（1）

解答 288　×
　商標が異なるため、すべての点で同一とはいえず、双方は同種の貨物とは認められない。
根拠規定：定率通達4の2－1（1）

解答 289　1＝輸出、2＝生産
根拠規定：定率法第4条の2第1項前段かっこ書

解答 290　同種
根拠規定：定率法第4条の2第1項前段かっこ書

Level

3

要点知識の定着

問題 291　（　　）に適切な語句を記入しなさい。
　　　輸入貨物と同種又は類似の貨物に係る取引価格により課税価格を
　計算する場合において、当該輸入貨物の生産者により生産された同
　種の貨物の取引価格と他の生産者により生産された同種の貨物の取
　引価格の双方があるときは、（　　）により生産された同種の貨物
　に係る取引価格による。

問題 292　輸入貨物の生産者が生産した当該輸入貨物と同種の貨物に係る取
　引価格が二以上あるときは、課税価格はどのように計算するか。

問題 293　輸入貨物と同種又は類似の貨物に係る取引価格により課税価格を
　計算する場合において、当該同種又は類似の貨物の取引段階及び取
　引数量は、どのような取引段階及び取引数量とされているか。

問題 294　輸入貨物と同一の取引段階及び実質的に同一の取引数量による当
　該輸入貨物と同種又は類似の貨物に係る取引価格と当該輸入貨物の
　取引価格との間に、運送距離又は運送形態が異なることにより、輸
　入港までの運賃等に相当の差異があるときは、課税価格はどのよう
　に計算するか。

問題 295　輸入貨物と同一の取引段階及び実質的に同一の取引数量によらな
　い当該輸入貨物と同種又は類似の貨物に係る取引価格から、当該輸
　入貨物の課税価格をどのように計算するか。

解答 291　当該輸入貨物の生産者

類似の貨物についても同様である。

根拠規定：定率法第4条の2第1項、定率令第1条の10第1項

解答 292　これら複数の取引価格のうち最小の取引価格に基づいて計算する。

類似の貨物についても同様である。

根拠規定：定率法第4条の2第1項、定率令第1条の10第2項

解答 293　輸入貨物の取引段階と同一の取引段階及び当該輸入貨物の取引数量と実質的に同一の取引数量とされている。

根拠規定：定率法第4条の2第1項後段

解答 294　輸入貨物と同種又は類似の貨物に係る取引価格に、運賃等の差異により生じた価格差につき必要な調整を行って課税価格を計算する。

根拠規定：定率法第4条の2第1項後段

解答 295　輸入貨物と同種又は類似の貨物に係る取引価格に、取引段階の差異により生じた価格差につき必要な調整を行って課税価格を計算する。

根拠規定：定率法第4条の2第2項

問題 296　輸入貨物と同種又は類似の貨物に係る取引価格により課税価格を計算する場合において、運賃等の差異や取引段階又は取引数量の差異により生じた当該輸入貨物と同種又は類似の貨物との間の価格差は、どのように調整するか。

問題 297　（　　）に適切な語句を記入しなさい。
　　輸入貨物と同種又は類似の貨物に係る取引価格に基づいて課税価格を計算する場合に用いられる当該同種又は類似の貨物に係る取引価格は、当該輸入貨物の取引（　1　）と同一の取引（　1　）及び当該輸入貨物の取引（　2　）と実質的に同一の取引（　2　）により（　3　）がされた同種又は類似の貨物に係る取引価格とされ、輸入港までの運賃等に相当の差異があるときは、その差異により生じた価格差について必要な調整を行った後の取引価格とされている。

11　輸入貨物等の国内販売価格による方法

問題 298　（　　）に適切な語句を記入しなさい。
　　「課税価格の決定の原則」及び輸入貨物と同種又は類似の貨物に係る取引価格により課税価格が計算できない場合において、当該輸入貨物等の（　　）があるときは、当該輸入貨物の課税価格は、その（　　）から所定の手数料等の額を控除して得られた価格によることとされている。

問題 299　輸入貨物等の国内販売価格に基づいて輸入貨物の課税価格を計算することができるのは、どのような場合か。

解答 296　定率法第4条第1項の規定により計算された同種又は類似の貨物の
課税価格に、価格表その他調整を適正に行うことができると認められ
る資料に基づいて計算した場合に得られる価格差を加減することによ
り行う。

根拠規定：定率令第1条の10第3項において準用する定率令第1条の6第2項

解答 297　1＝段階、2＝数量、3＝輸入取引
根拠規定：定率法第4条の2第1項

解答 298　国内販売価格
根拠規定：定率法第4条の3第1項

解答 299　「課税価格の決定の原則」及び輸入貨物と同種又は類似の貨物に係
る取引価格により課税価格を計算することができない場合で、かつ、
当該輸入貨物又は当該輸入貨物と同種若しくは類似の貨物の国内販売
価格がある場合である。

根拠規定：定率法第4条の3第1項

問題 300　輸入貨物等の国内販売価格に基づいて課税価格を計算する場合において、当該輸入貨物等の国内販売の時期は、どのように限定されているか。

問題 301　（　　）に適切な語句を記入しなさい。

　輸入貨物等の国内販売価格に基づいて課税価格を計算する場合における国内販売価格は、輸入貨物又は当該輸入貨物と（　　）の国内における販売価格に限られる。

問題 302　輸入貨物等の国内販売価格に基づいて課税価格を計算する場合において、当該国内販売価格は、どの取引段階のものが用いられるか。

問題 303　（　　）に適切な語句を記入しなさい。

　輸入貨物等の国内販売価格に基づいて課税価格を計算する場合における国内販売価格は、その（ 1 ）の時における性質及び形状により、輸入貨物の（ 1 ）の日又はこれに（ 2 ）に国内販売された当該輸入貨物又は当該輸入貨物と同種若しくは類似の貨物の価格による。

解答 300　輸入貨物等の国内販売の時期は、当該輸入貨物等の課税物件確定の時の属する日又はこれに近接する期間内とされている。

　　　なお、これらの日又は期間内における当該輸入貨物等に係る国内販売価格がないときは、当該輸入貨物等の課税物件確定の時の属する日の後 90 日以内の最も早い日において国内販売された当該輸入貨物等に係る国内販売価格が用いられる。

「近接する期間内」とは「近接する日」であり、おおむね、課税物件確定の時の属する日の前後 1 月以内の日をいう。また、「最も早い日」は、単価を確定するに足りる数量が国内販売された日をいう。

根拠規定：定率法第 4 条の 3 第 1 項第 1 号、定率令第 1 条の 11 第 1 項、定率通達 4 の 3 － 1（3）

解答 301　同種又は類似の貨物
根拠規定：定率法第 4 条の 3 第 1 項第 1 号

解答 302　国内における最初の取引段階において販売された取引に係る国内販売価格が用いられる。
根拠規定：定率法第 4 条の 3 第 1 項、定率令第 1 条の 11 第 2 項

解答 303　1 ＝輸入申告（課税物件確定）、2 ＝近接する期間内
根拠規定：定率法第 4 条の 3 第 1 項第 1 号

Level 3　要点知識の定着

問題 304　（　　）に適切な語句を記入しなさい。

輸入貨物等の国内販売価格に基づいて課税価格を計算する場合における国内販売価格は、国内における売手と（　　）買手に対し国内において販売された輸入貨物等の価格による。

問題 305　輸入貨物の課税物件確定の時の属する日又はこれに近接する期間内における国内販売がない場合の輸入貨物等の国内販売価格は、当該課税物件確定の時の属する日の後何日以内に販売されたものの価格でなければならないか。

問題 306　輸入貨物等の国内販売価格に基づいて課税価格を計算する場合に用いられる同類の貨物とは、どのような貨物か。

問題 307　（　　）に適切な語句を記入しなさい。

輸入貨物等の国内販売価格に基づいて課税価格を計算する場合における国内販売価格から控除する費用等の額は、

イ　輸入貨物と（ １ ）で輸入されたものの国内における販売に係る通常の手数料又は利潤及び一般経費

ロ　国内販売された輸入貨物等に係る輸入港到着後国内において販売するまでの運送に要する通常の運賃、保険料その他の（ ２ ）

ハ　国内販売された輸入貨物等に係る本邦において課される（ ３ ）その他の公課

である。

解答 304　特殊関係のない
根拠規定：定率法第4条の3第1項第1号

解答 305　輸入貨物の課税物件確定の時の属する日後90日以内の最も早い日
　　　　　に販売された貨物の国内販売価格である。
根拠規定：定率法第4条の3第1項、定率令第1条の11第1項

解答 306　輸入貨物と同一の産業部門において生産された当該輸入貨物と同一
　　　　　の範疇に属する貨物（当該輸入貨物の場合と同一の国以外の国から輸
　　　　　入されたものを含む。）で輸入されたものである。
根拠規定：定率法第4条の3第1項第1号イかっこ書、定率通達4の3－1（4）

解答 307　1＝同類の貨物、2＝運送関連費用、3＝関税
根拠規定：定率法第4条の3第1項第1号イ～ハ

問題 308　輸入貨物等の国内販売価格に基づいて課税価格を計算する場合において、その課税物件確定の時における性質及び形状により国内において販売された輸入貨物等に係る同順位の国内販売が二以上あり、その販売に係る単価が異なるときは、課税価格として用いられる国内販売価格はどのように計算するか。

問題 309　（　　）に適切な語句を記入しなさい。
　　輸入貨物等の国内販売価格に基づいて課税価格を計算する場合における国内販売価格は、国内における（　1　）の取引段階における（　2　）に基づいて計算された価格とする。

問題 310　輸入貨物等の国内販売価格に基づいて課税価格を計算する場合における国内販売価格から控除すべき費用等には、どのようなものがあるか。

問題 311　輸入貨物等の国内販売価格に基づいて課税価格を計算する場合において、輸入貨物の国内販売価格と当該輸入貨物と同種又は類似の貨物の国内販売価格の双方があるときは、どちらが優先されるか。また、当該輸入貨物の輸入者が輸入した同種の貨物と他の輸入者が輸入した同種の貨物があるときは、どちらの同種の貨物の国内販売価格が優先するか。

解答 308　輸入貨物等に係る同順位の国内販売が二以上あり、単価が異なる場合の国内販売価格は、その異なる単価ごとの販売数量が最大である販売に係る単価に基づいて計算する。
根拠規定：定率法第4条の3第1項1号、定率令第1条の11第2項かっこ書

解答 309　1＝最初、2＝販売に係る単価
根拠規定：定率法第4条の3第1項第1号、定率令第1条の11第2項

解答 310　輸入貨物等の国内販売価格から控除するのは、
①輸入貨物と同類の貨物で輸入されたものの国内における販売に係る通常の手数料又は利潤及び一般経費
②国内において販売された輸入貨物等に係る輸入港到着後国内において販売するまでの運送に要する通常の運賃、保険料その他当該運送に関連する費用
③国内において販売された輸入貨物等に係る本邦において課された関税その他の公課
である。
根拠規定：定率法第4条の3第1項第1号イ～ハ

解答 311　輸入貨物の国内販売価格が優先され、これがないときは、同種の貨物の国内販売価格による。また、輸入貨物の輸入者が輸入した同種の貨物と他の輸入者が輸入した同種の貨物の双方の国内販売価格があるときは、当該輸入貨物の輸入者が輸入した同種の貨物の国内販売価格が優先する（類似の貨物についても同様である。）。
根拠規定：定率法第4条の3第1項、定率通達4の3－1（6）イ～ニ

問題 312　輸入貨物等の国内販売価格に基づいて課税価格を計算する場合における同種又は類似の貨物は、いずれの国で生産されたものであってもよいか。

問題 313　輸入貨物等の国内販売価格に基づいて課税価格を計算する場合において、輸入貨物と同種又は類似の貨物の国内販売価格と当該輸入貨物を加工の上国内販売した価格の双方があるときは、いずれの国内販売価格が優先されるか。

12　加工後の輸入貨物の国内販売価格による方法

問題 314　輸入貨物を輸入後に加工の上、国内における売手と特殊関係のない買手に対し国内販売した価格に基づいて課税価格を計算できるのは、どのような場合か。

13　輸入貨物の製造原価による方法

問題 315　輸入貨物の製造原価に基づいて課税価格を計算する場合において、当該製造原価に加算する費用等には、どのようなものがあるか。

問題 316　（　　）に適切な語句を記入しなさい。
　　輸入貨物の製造原価に基づいて課税価格を計算できるのは、当該輸入貨物の輸入者と（　　）との間に仲介者、代理人等が存在しない場合である。

解答 312　輸入貨物の生産国で生産されたものに限られる。
根拠規定：定率法第4条の3第1項かっこ書

解答 313　輸入貨物と同種又は類似の貨物の国内販売価格が優先される。
根拠規定：定率法第4条の3第1項ただし書

解答 314　輸入貨物の課税物件確定の時の属する日における性質、形状で販売された当該輸入貨物又はこれと同種若しくは類似の貨物に係る国内販売価格がなく、かつ、輸入者が加工後の当該輸入貨物に係る国内販売価格を用いることを希望する旨を税関長に申し出た場合である。
根拠規定：定率法第4条の3第1項ただし書、同項第2号

解答 315　①輸入貨物の生産国で生産された当該輸入貨物と同類の貨物の本邦への輸出のための販売に係る通常の利潤及び一般経費
　　　　　　②当該輸入貨物の輸入港までの運賃等
根拠規定：定率法第4条の3第2項

解答 316　（当該輸入貨物の）生産者
根拠規定：定率法第4条の3第2項かっこ書、定率通達4の3－2（5）

問題 317　（　　）に適切な語句を記入しなさい。

　　輸入貨物の製造原価に基づいて課税価格を計算する場合における課税価格は、次の費用等を足し合わせたものである。

　　イ　当該輸入貨物の製造原価

　　ロ　当該輸入貨物の生産国で生産された当該輸入貨物と同類の貨物の本邦への（　1　）のための販売に係る通常の利潤及び一般経費

　　ハ　当該輸入貨物の（　2　）の運賃等

問題 318　輸入貨物の製造原価に基づいて課税価格を計算する場合における当該輸入貨物の要件には、何があるか。

問題 319　輸入貨物の製造原価に基づいて課税価格を計算することができるのは、どのような場合か。

問題 320　輸入貨物の課税価格を計算する場合において、輸入貨物等の国内販売価格に基づく方法と輸入貨物の製造原価に基づく方法とでは、どちらの方法が優先されるか。

解答 **317**　1＝輸出、2＝輸入港まで
根拠規定：定率法第4条の3第2項

解答 **318**　輸入貨物の製造原価を確認することができること、かつ、当該輸入貨物が、輸入者と当該輸入貨物の生産者との間の取引に基づき本邦に到着することである。
根拠規定：定率法第4条の3第2項

解答 **319**　①課税価格の決定の原則による取引価格、②輸入貨物と同種又は類似の貨物に係る取引価格及び③輸入貨物（加工後のものを含む。）等の国内販売価格により課税価格が計算できない場合で、当該輸入貨物の製造原価を確認することができ、かつ、当該輸入貨物が、輸入者と生産者との取引に基づき本邦に到着することとなるときである。なお、輸入者が希望する旨を税関長に申し出た場合には、国内販売価格による課税価格の計算に先立って製造原価により課税価格を計算することが認められている。
根拠規定：定率法第4条の3第2項、第3項

解答 **320**　原則として、輸入貨物等の国内販売価格に基づく方法が優先されるが、輸入貨物の製造原価が確認でき、かつ、輸入者が希望する旨を税関長に申し出た場合には、当該輸入貨物の製造原価に基づく方法を優先することができる。
根拠規定：定率法第4条の3第3項

Level 3
要点知識の定着

14　特殊な輸入貨物に係る課税価格の決定の方法

問題 321　関税定率法第4条の4において「特殊な輸入貨物に係る課税価格の決定」の方法が規定されているが、この「特殊な輸入貨物」とは、どのような貨物のことか。

問題 322　「特殊な輸入貨物」の課税価格を計算する場合において、その課税価格の計算方法は、どのように定められているか。

問題 323　（　　）に適切な語句を記入しなさい。
　　関税定率法第4条から第4条の3までに規定する方法では課税価格の計算の基礎となる事項の一部がその必要とされる要件を満たさないために課税価格を計算することができない場合においては、その必要とされる要件を満たさない事項につき（　　）を加えることにより、課税価格を計算することができる。

問題 324　「特殊な輸入貨物」の課税価格を計算する場合において、税関長が定める方法により計算される方法とは、どのような方法があるか。

解答 321　定率法第4条から第4条の3までの規定により課税価格を計算することができず、これらの規定に準じて課税価格を計算することとされている輸入貨物である。

根拠規定：定率法第4条の4

解答 322　①定率法第4条から第4条の3までの規定による方法では課税価格の計算の基礎となる事項の一部の要件を満たさないため、その要件を満たさない事項について合理的な調整を加えて課税価格を計算する方法、②世界貿易機関（WTO）により定められた関税評価協定の規定に適合する方法として税関長が定める方法で課税価格を計算する方法がある。

根拠規定：定率法第4条の4、定率令第1条の12、定率通達4の4－1及び4の4－2

解答 323　合理的な調整

根拠規定：定率法第4条の4、定率令第1条の12第1号

解答 324　例えば、次のような方法がある。
①輸入貨物と同種又は類似の貨物の本邦向け販売価格に、合理的な方法により算定した加算費用の額を加えた価格による方法
②輸入貨物と同種又は類似の貨物の国際相場価格に、通常必要とされる輸入港までの運賃等の額を加えた価格による方法
③輸入貨物と同種又は類似の貨物の本邦における市価から、本邦において課される関税その他の公課に係る額を控除した後の価格による方法

根拠規定：定率法第4条の4、定率令第1条の12、定率通達4の4－2

問題 325　「特殊な輸入貨物」の課税価格を計算する場合において、税関長の定める方法として採用することが認められていない方法は何か。

15　その他

問題 326　（　　）に適切な語句を記入しなさい。
　　課税価格を計算する場合の計算の基礎となる額その他の事項に係る合理的な根拠を示す資料とは、（　　）であって、適用条項において輸入貨物の課税価格の計算の基礎となる額、当該額を構成する要素に係る額、これらの額の算定方法その他取引に関する事情等の真実性及び正確性を示すものをいう。

問題 327　20万円を超えると思われる無償の商品見本が郵便で送られてきたが、この商品見本の課税価格はどのように計算するか。

問題 328　国際郵便で送られてきた貨物で、受取人が輸入（納税）申告をしなければならない郵便物の課税価格は、どのように計算するか。

解答 325　例えば、次の方法に基づいて課税価格を計算することは、関税評価協定において禁じられている。
　　①本邦において生産された貨物の本邦における販売価格に基づく方法
　　②特定の二つの価格のうち大きい方の価格を採用する方法
　　③輸出国の国内市場における貨物の販売価格に基づく方法
　　④定率法第４条の３第２項に定められた積算価格以外の積算価格による方法
　　⑤本邦以外の国に輸出のために販売された貨物の価格に基づく方法
　　⑥最低課税価格による方法
　　⑦恣意的な又は架空の価格に基づく方法

根拠規定：定率法第４条の４、定率令第１条の12第２号、定率通達４の４－２なお書

解答 326　客観的な資料
根拠規定：定率法第４条の８、定率通達４の８－１（2）

解答 327　無償の商品見本は、輸入取引によらない貨物であり、「課税価格の決定の原則」によっては課税価格を計算することができないので、定率法第４条の２から第４条の４までの規定により課税価格を計算する。
根拠規定：定率法第４条の２～第４条の４

解答 328　原則として、課税価格が 20 万円を超える郵便物については、申告納税方式が適用されるため、一般の貨物と同様、定率法第４条以下の規定により課税価格を計算することとなる。
根拠規定：関税法第６条の２第１項第１号、第２号ロかっこ書、定率法第４条～第４条の４

問題 329　　個人的に使用するために輸入される入国者の携帯品の課税価格は、どのように計算するか。

問題 330　　コンピューター用ソフトウェアが記録されている DVD-ROM を輸入するに当たって、当該ソウトウェアの価格と当該 DVD-ROM 自体の価格が区別されている場合における当該 DVD-ROM の課税価格は、どのように計算するか。

問題 331　　（　　　）に適切な語句を記入しなさい。
　　課税価格を計算する場合において、その（　1　）の状況その他の事情からみて（　2　）の時までに当該輸入貨物に変質又は損傷があったと認められるときは、当該輸入貨物の課税価格は、当該変質又は損傷による減価に相当する額を控除して計算する。

問題 332　　輸入申告前に変質又は損傷した貨物の課税価格は、どのように計算するか。

問題 333　　売手と買手が一定の割合で変質が生じることを予想して売買された輸入貨物が、その輸入申告の時までに当該予想した範囲内で変質したときは、その変質による減価に相当する額を課税価格から控除することは認められるか。

問題 334　　外国通貨により表示された輸入取引価格の本邦通貨への換算は、輸入申告の日における外国為替相場によることとされているが、実際に輸入（納税）申告に用いられるのは、どのような外国為替相場か。

解答 329　　通常の卸取引の段階で取引されたとした場合の価格によることとされ、一般的には、「海外小売価格 × 0.6」で計算される。
根拠規定：定率法第 4 条の 6 第 2 項、定率通達 4 の 6 − 2 （3）

解答 330　　DVD-ROM 自体の価格に、ソフトウェアを DVD-ROM に記録するための費用等を加えたものが課税価格となる（当該ソフトウェア自体の価格は、課税価格に含まれない。）。
　　「ソフトウェア」には、サウンド、シネマチック及びビデオ・レコーディングは含まれないので、注意を要する。
根拠規定：定率法第 4 条第 1 項、定率通達 4 − 5 （2）

解答 331　　1 ＝輸入貨物に係る取引、2 ＝輸入申告
根拠規定：定率法第 4 条の 5

解答 332　　変質又は損傷がなかったものとした場合の課税価格から、その変質又は損傷による減価に相当する額を控除して課税価格を計算する。
根拠規定：定率法第 4 条の 5

解答 333　　認められない。
根拠規定：定率法第 4 条の 5、定率通達 4 の 5 − 1 （1）

解答 334　　税関長が公示する、輸入申告の日の属する週の前々週における実勢為替相場の週間平均値が用いられる。
根拠規定：定率法第 4 条の 7、定率規則第 1 条

Level 4

本試験レベル
（標準問題中心：正誤問題）

課税価格の決定の原則による場合

1　課税価格の決定の原則

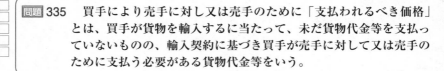

問題 335　買手により売手に対し又は売手のために「支払われるべき価格」とは、買手が貨物を輸入するに当たって、未だ貨物代金等を支払っていないものの、輸入契約に基づき買手が売手に対して又は売手のために支払う必要がある貨物代金等をいう。

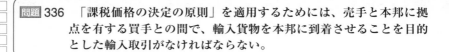

問題 336　「課税価格の決定の原則」を適用するためには、売手と本邦に拠点を有する買手との間で、輸入貨物を本邦に到着させることを目的とした輸入取引がなければならない。

2　輸入取引

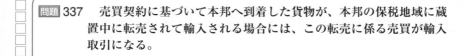

問題 337　売買契約に基づいて本邦へ到着した貨物が、本邦の保税地域に蔵置中に転売されて輸入される場合には、この転売に係る売買が輸入取引になる。

問題 338　買手（本邦に拠点を有する者）が貨物を本邦に到着させることを目的として売手との間で行った売買契約を履行するために、当該売手の代理人により本邦に輸入される貨物は、「課税価格の決定の原則」に基づいて課税価格を計算することができる。

問題 339　売手との代理契約に基づき当該売手に所有権が存続した状態で売手の代理人が輸入する貨物であって、当該貨物の輸入後に当該売手により本邦で販売されるものは、「課税価格の決定の原則」に基づいて課税価格を計算することはできない。

解答 335 ○
根拠規定：定率法第4条第1項

解答 336 ○
根拠規定：定率法第4条第1項、定率通達4-1（1）

解答 337 ×
　この転売は国内取引であり、当該輸入貨物を現実に本邦へ到着させることとなった売買が輸入取引である。
根拠規定：定率法第4条第1項、定率通達4-1（2）ハ

解答 338 ○
　売手の代理人により輸入される貨物であっても、売手と買手（本邦に拠点を有する者）との間で締結された売買契約を履行するために輸入される貨物は、輸入取引による輸入貨物に該当する。
根拠規定：定率法第4条第1項、定率通達4-1の2（1）ハ（注）

解答 339 ○
根拠規定：定率法第4条第1項、定率通達4-1の2（1）ハ

Level
4
本試験レベル

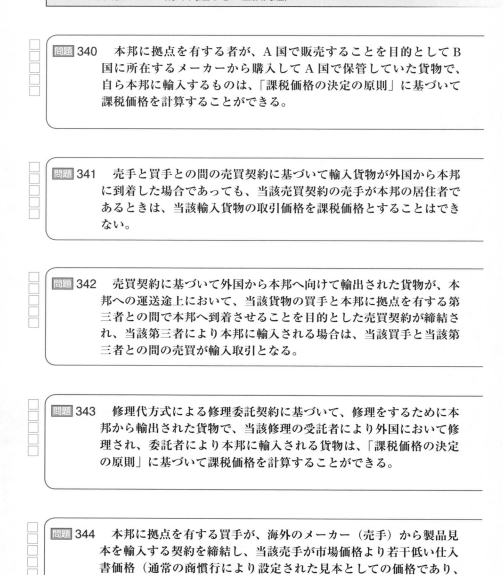

問題 340　本邦に拠点を有する者が、A 国で販売することを目的として B 国に所在するメーカーから購入して A 国で保管していた貨物で、自ら本邦に輸入するものは、「課税価格の決定の原則」に基づいて課税価格を計算することができる。

問題 341　売手と買手との間の売買契約に基づいて輸入貨物が外国から本邦に到着した場合であっても、当該売買契約の売手が本邦の居住者であるときは、当該輸入貨物の取引価格を課税価格とすることはできない。

問題 342　売買契約に基づいて外国から本邦へ向けて輸出された貨物が、本邦への運送途上において、当該貨物の買手と本邦に拠点を有する第三者との間で本邦へ到着させることを目的とした売買契約が締結され、当該第三者により本邦に輸入される場合は、当該買手と当該第三者との間の売買が輸入取引となる。

問題 343　修理代方式による修理委託契約に基づいて、修理をするために本邦から輸出された貨物で、当該修理の受託者により外国において修理され、委託者により本邦に輸入される貨物は、「課税価格の決定の原則」に基づいて課税価格を計算することができる。

問題 344　本邦に拠点を有する買手が、海外のメーカー（売手）から製品見本を輸入する契約を締結し、当該売手が市場価格より若干低い仕入書価格（通常の商慣行により設定された見本としての価格であり、「特別な事情」は認められない。）で見本を送付してきた場合は、当該仕入書価格に基づいて課税価格を計算することができる。（売手と買手の間に特殊関係はない。）

解答 340　×

　現実に貨物が本邦に到着することとなった取引、すなわち、当該貨物をＢ国（又はＡ国）から本邦へ引き取ることを目的として行われた輸入取引（売買）がないため、「課税価格の決定の原則」により課税価格を計算することはできない。

根拠規定：定率法第４条第１項、定率通達４－１（1）

解答 341　×

　本邦に拠点を有する買手が売手との間で締結した売買契約に基づいて外国から本邦に到着する貨物は、売手の居住地にかかわりなく、輸入取引による輸入貨物である。

根拠規定：定率法第４条、定率通達４－１（1）

解答 342　○

　設問の輸入貨物は、当該第三者を買手とする売買により現実に本邦に到着することになることから、当該売買が輸入取引となる。

根拠規定：定率法第４条第１項、定率通達４－１（2）ロ

解答 343　×

　修理委託契約に基づいて、外国において受託者により修理されて輸入する貨物は、修理委託者の所有権が存続する貨物であり、輸入取引（売買）によらない貨物であることから、「課税価格の決定の原則」により課税価格を計算することはできない。

根拠規定：定率法第４条第１項

解答 344　○

　輸入貨物は製品見本であるが、無償ではなく、売買契約により輸入される貨物であり、当該輸入取引に関して特別な事情は認められないので、「課税価格の決定の原則」により課税価格を計算することができる。

根拠規定：定率法第４条第１項、定率通達４－１（1）

Level

4

本試験レベル

問題345　賃貸借契約に基づいて貨物を輸入することにしたが、この契約書には、6ヵ月間使用した後、輸入者が希望する場合には、当該貨物を買い取ることができる旨及びその価格が記載されている。当該買取価格に基づいて課税価格を計算することができる。

問題346　売手と買手の双方が本邦に居住している場合で、この両者間で外国にある貨物を売買する契約を締結し、当該貨物を買手が本邦に輸入する場合には、この売手と買手の間の取引価格に基づいて課税価格を計算することができる。

問題347　加工賃方式による委託加工貿易取引に基づいて、受託者により外国において加工され、委託者により本邦に輸入される貨物は、「課税価格の決定の原則」に基づいて課税価格を計算することができる。

問題348　本邦において開催されるオークションで販売するために受託者により輸入される貨物については、「課税価格の決定の原則」により課税価格を計算することができる。

問題349　同一の法人格を有する本支店間の取引に基づいて本邦に輸入される貨物については、「課税価格の決定の原則」に基づいて課税価格を計算することができる。

解答 345　✕
　契約書に買取条件が付されていても、賃貸借契約により輸入される貨物は「輸入取引」
に該当しないので、当該買取価格により課税価格を計算することはできない。
根拠規定：定率法第4条、定率通達4－1の2（1）ニ

解答 346　○
根拠規定：定率法第4条第1項、定率通達4－1（1）

解答 347　○
　加工賃方式による委託加工貿易取引により外国において加工された貨物が、現実に輸
入されることとなった場合には、加工賃を現実支払価格と、委託者を買手と、受託者を
売手と、当該委託加工貿易取引を輸入取引とそれぞれみなして、「課税価格の決定の原則」
に基づいて課税価格を計算することとされている。
根拠規定：定率法第4条第3項

解答 348　✕
　委託販売契約に基づいて輸入される貨物は輸入取引によるものではないので、「課税
価格の決定の原則」により課税価格を計算することはできない。
根拠規定：定率法第4条、定率通達4－1の2（1）ロ

解答 349　✕
　同一の法人格を有する本支店間の取引により輸入される貨物は、輸入取引によらない
輸入貨物であり、「課税価格の決定の原則」により課税価格を計算することはできない。
根拠規定：定率法第4条、定率通達4－1の2（1）ヘ

Level

4

本試験レベル

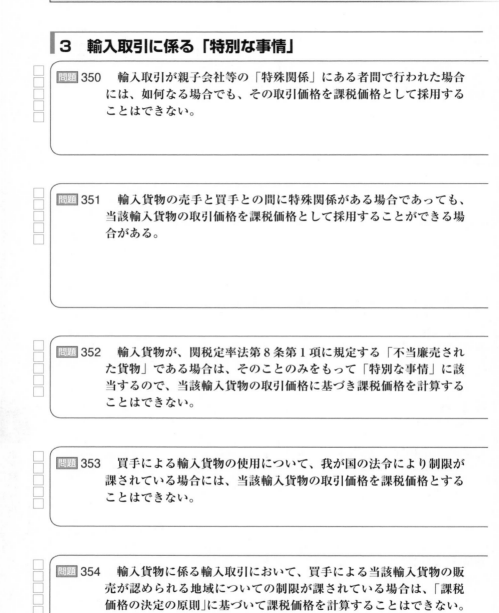

3　輸入取引に係る「特別な事情」

問題 350　　輸入取引が親子会社等の「特殊関係」にある者間で行われた場合には、如何なる場合でも、その取引価格を課税価格として採用することはできない。

問題 351　　輸入貨物の売手と買手との間に特殊関係がある場合であっても、当該輸入貨物の取引価格を課税価格として採用することができる場合がある。

問題 352　　輸入貨物が、関税定率法第8条第1項に規定する「不当廉売された貨物」である場合は、そのことのみをもって「特別な事情」に該当するので、当該輸入貨物の取引価格に基づき課税価格を計算することはできない。

問題 353　　買手による輸入貨物の使用について、我が国の法令により制限が課されている場合には、当該輸入貨物の取引価格を課税価格とすることはできない。

問題 354　　輸入貨物に係る輸入取引において、買手による当該輸入貨物の販売が認められる地域についての制限が課されている場合は、「課税価格の決定の原則」に基づいて課税価格を計算することはできない。

解答 350 ×

「特殊関係」にある者の間の取引であっても、取引価格が当該特殊関係によって影響を受けていないと認められる場合には、その取引価格を課税価格として採用することができる。

根拠規定：定率法第4条第2項第4号

解答 351 ○

輸入貨物の売手と買手との間に特殊関係がある場合であっても、当該輸入貨物の取引価格が、特殊関係のない売手と買手との間で輸入取引がされた当該輸入貨物と同種又は類似の貨物の課税価格と同一の額又は近似する額であることを、当該輸入貨物の輸入者が証明した場合その他当該特殊関係による当該取引価格への影響がないと認められる場合には、当該取引価格を課税価格として採用することができる。

根拠規定：定率法第4条第2項ただし書、同項第4号、定率通達4－19（1）、4－20

解答 352 ×

「不当廉売貨物」であることのみをもって定率法第4条第1項の規定の適用を排除することにはならない。

根拠規定：定率法第4条第2項、定率通達4－15（3）

解答 353 ×

買手による輸入貨物の使用について制限が我が国の法令により課されているものである場合には、当該輸入貨物の取引価格を課税価格とすることができる。

根拠規定：定率法第4条第2項第1号かっこ書、定率令第1条の7第2号

解答 354 ×

買手による輸入貨物の処分又は使用についての制限のうち、輸入貨物の販売が認められる地域についての制限は、「課税価格の決定の原則」により課税価格を決定することができない事情から除かれている。

根拠規定：定率法第4条第2項第1号かっこ書、定率令第1条の7第1号

Level

4

本試験レベル

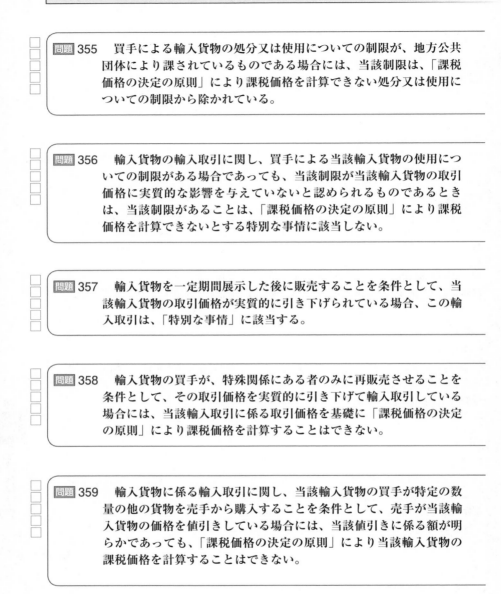

問題 355　　買手による輸入貨物の処分又は使用についての制限が、地方公共団体により課されているものである場合には、当該制限は、「課税価格の決定の原則」により課税価格を計算できない処分又は使用についての制限から除かれている。

問題 356　　輸入貨物の輸入取引に関し、買手による当該輸入貨物の使用についての制限がある場合であっても、当該制限が当該輸入貨物の取引価格に実質的な影響を与えていないと認められるものであるときは、当該制限があることは、「課税価格の決定の原則」により課税価格を計算できないとする特別な事情に該当しない。

問題 357　　輸入貨物を一定期間展示した後に販売することを条件として、当該輸入貨物の取引価格が実質的に引き下げられている場合、この輸入取引は、「特別な事情」に該当する。

問題 358　　輸入貨物の買手が、特殊関係にある者のみに再販売させることを条件として、その取引価格を実質的に引き下げて輸入取引している場合には、当該輸入取引に係る取引価格を基礎に「課税価格の決定の原則」により課税価格を計算することはできない。

問題 359　　輸入貨物に係る輸入取引に関し、当該輸入貨物の買手が特定の数量の他の貨物を売手から購入することを条件として、売手が当該輸入貨物の価格を値引きしている場合には、当該値引きに係る額が明らかであっても、「課税価格の決定の原則」により当該輸入貨物の課税価格を計算することはできない。

解答 355 ○
根拠規定：定率法第4条第2項第1号かっこ書、定率令第1条の7第2号

解答 356 ○
根拠規定：定率法第4条第2項第1号かっこ書、定率令第1条の7第3号

解答 357 ○
根拠規定：定率法第4条第2項第1号、定率通達4−16本文かっこ書

解答 358 ○
根拠規定：定率法第4条第2項第1号、定率通達4−16本文かっこ書

解答 359 ×
　買手が特定の数量の他の貨物を売手から購入することを条件として、売手が値引きをして当該輸入貨物の取引価格を設定している場合であっても、当該値引きに係る額が明らかである場合は、当該条件は、課税価格の決定を困難とする条件には該当しないので、当該値引き前の取引価格に基づいて課税価格を計算することができる。
根拠規定：定率法第4条第2項第2号、定率通達4−17（2）

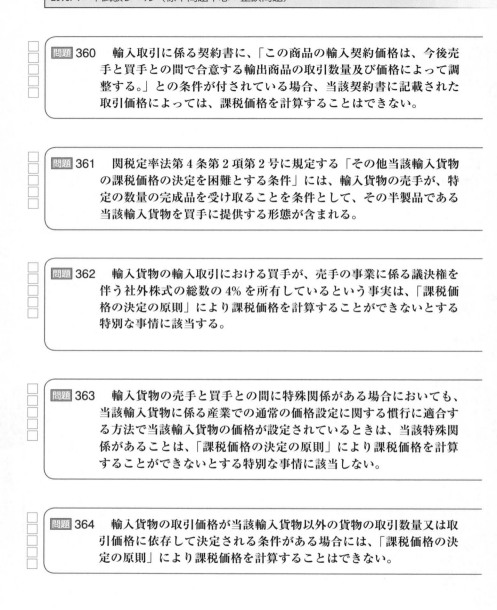

問題 360　　輸入取引に係る契約書に、「この商品の輸入契約価格は、今後売手と買手との間で合意する輸出商品の取引数量及び価格によって調整する。」との条件が付されている場合、当該契約書に記載された取引価格によっては、課税価格を計算することはできない。

問題 361　　関税定率法第4条第2項第2号に規定する「その他当該輸入貨物の課税価格の決定を困難とする条件」には、輸入貨物の売手が、特定の数量の完成品を受け取ることを条件として、その半製品である当該輸入貨物を買手に提供する形態が含まれる。

問題 362　　輸入貨物の輸入取引における買手が、売手の事業に係る議決権を伴う社外株式の総数の4%を所有しているという事実は、「課税価格の決定の原則」により課税価格を計算することができないとする特別な事情に該当する。

問題 363　　輸入貨物の売手と買手との間に特殊関係がある場合においても、当該輸入貨物に係る産業での通常の価格設定に関する慣行に適合する方法で当該輸入貨物の価格が設定されているときは、当該特殊関係があることは、「課税価格の決定の原則」により課税価格を計算することができないとする特別な事情に該当しない。

問題 364　　輸入貨物の取引価格が当該輸入貨物以外の貨物の取引数量又は取引価格に依存して決定される条件がある場合には、「課税価格の決定の原則」により課税価格を計算することはできない。

解答 360　○
根拠規定：定率法第４条第２項第２号

解答 361　○
根拠規定：定率法第４条第２項第２号、定率通達４－17（1）ハ

解答 362　×
　　特殊関係の範囲については、「いずれか一方の者が、他方の者の事業に係る議決権を
伴う社外株式の総数の５％（「４％」ではない。）以上の社外株式を直接又は間接に所有、
管理又は所持している場合」とされており、設問の場合には、特殊関係には該当しない。
根拠規定：定率法第４条第２項第４号、定率令第１条の８第３号

解答 363　○
根拠規定：定率法第４条第２項第４号、定率通達４－19（1）イ

解答 364　○
根拠規定：定率法第４条第１項、第２項第２号、定率通達４－３

Level

4

本試験レベル

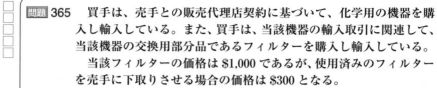

問題 365　買手は、売手との販売代理店契約に基づいて、化学用の機器を購入し輸入している。また、買手は、当該機器の輸入取引に関連して、当該機器の交換用部分品であるフィルターを購入し輸入している。

　　　　　当該フィルターの価格は $1,000 であるが、使用済みのフィルターを売手に下取りさせる場合の価格は $300 となる。

　　　　　この場合において、使用済みのフィルターの下取りがあるときのフィルターの課税価格は、$300 に基づいて計算することができる。

4　現実支払価格

問題 366　課税価格となる「取引価格」とは、買手により売手に対し又は売手のために輸入貨物の輸入取引をするために現実に支払われた又は支払われるべき価格である。

問題 367　輸入取引において数量値引きが与えられている場合で、当該値引額が明らかなときは、当該値引額は課税価格に算入されない（値引き後の価格が現実支払価格となる。）。

問題 368　仕入書価格の支払に加えて、輸入貨物の取引の状況その他の事情からみて、買手により売手に対し又は売手のために行われる何らかの支払（別払金）がある場合の現実支払価格は、当該仕入書価格に当該別払金を加えた価格である。

解答 365　×

　輸入貨物の取引価格に基づいて課税価格を計算することができない特別な事情の一つとして、「輸入貨物の取引価格が、当該輸入貨物の売手と買手との間で取引される当該輸入貨物以外の貨物の取引数量又は取引価格に依存して決定されるべき旨の条件が当該輸入貨物の輸入取引に付されていること」と規定されている。

　設問の場合、使用済みのフィルターの下取りがあるときのフィルターの価格は、当該下取りさせた使用済みのフィルターの価格に依存して設定されたものと認められることから、「課税価格の決定の原則」に基づいて課税価格を計算することはできない。

根拠規定：定率法第4条第2項第2号

解答 366　×

　課税価格となる取引価格とは、買手により売手に対し又は売手のために、輸入貨物の輸入取引をするために現実に支払われた又は支払われるべき価格（現実支払価格）に、その含まれていない限度において運賃等の額（加算要素）を加えた価格である。

根拠規定：定率法第4条第1項

解答 367　○

　納税申告の際に値引きが確定しており、当該値引き後の価格で現実に支払われることが前提となる。

根拠規定：定率法第4条第1項、定率通達4－3

解答 368　○

根拠規定：定率法第4条第1項、定率通達4－2の2

Level

4

本試験レベル

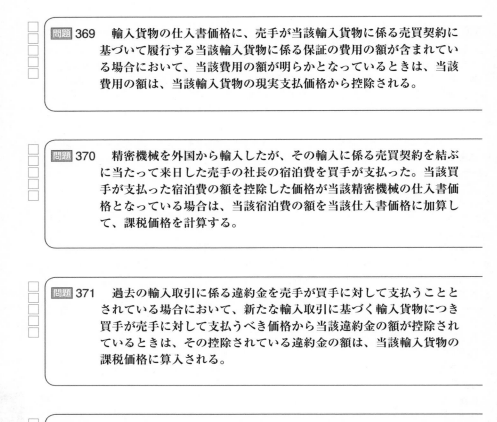

問題 369　輸入貨物の仕入書価格に、売手が当該輸入貨物に係る売買契約に基づいて履行する当該輸入貨物に係る保証の費用の額が含まれている場合において、当該費用の額が明らかとなっているときは、当該費用の額は、当該輸入貨物の現実支払価格から控除される。

問題 370　精密機械を外国から輸入したが、その輸入に係る売買契約を結ぶに当たって来日した売手の社長の宿泊費を買手が支払った。当該買手が支払った宿泊費の額を控除した価格が当該精密機械の仕入書価格となっている場合は、当該宿泊費の額を当該仕入書価格に加算して、課税価格を計算する。

問題 371　過去の輸入取引に係る違約金を売手が買手に対して支払うこととされている場合において、新たな輸入取引に基づく輸入貨物につき買手が売手に対して支払うべき価格から当該違約金の額が控除されているときは、その控除されている違約金の額は、当該輸入貨物の課税価格に算入される。

問題 372　輸入貨物の仕入書価格が、売手と買手との間で合意された当該輸入貨物に係る取引価格から、売手が買手に対して負っている債務の額を控除した額となっている場合には、当該仕入書価格を現実支払価格として当該輸入貨物の課税価格を計算することはできない。

解答 369　×

　輸入貨物の売買契約において売手が買手に対し当該輸入貨物に係る保証を履行することとなっている場合で、売手が負担する当該保証の費用を考慮して当該輸入貨物の価格が設定されているときは、当該費用の額は現実支払価格に含まれる。
根拠規定：定率法第4条第1項、定率通達4－2の4（1）

解答 370　○

　売手の社長の宿泊費は、売手が負担すべき費用であり、当該売手が負担すべき費用を買手が負担し、その額が控除されて仕入書価格が設定されている場合には、当該買手が負担した宿泊費は、現実支払価格に含めなければならない。
根拠規定：定率法第4条第1項、定率令第1条の4本文かっこ書、定率通達4－2（3）ハ

解答 371　○

　過去の取引により生じた売手が買手に支払うべき違約金の額が、当該輸入貨物の現実支払価格から控除されているときは、当該控除された違約金の額は、「買手により売手のために行われた又は行われるべき支払の総額」に含めなければならない。
根拠規定：定率法第4条第1項、定率令第1条の4本文かっこ書、定率通達4－2（3）ハ

解答 372　○

根拠規定：定率法第4条第1項、定率令第1条の4本文かっこ書、定率通達4－2（3）ハ

問題 373　　「課税価格の決定の原則」により課税価格を計算するに当たって、売手と買手との間で仕入書価格に記載されていない支払や両者間における債権及び債務の仕入書価格での相殺の有無を確認する必要はない。

問題 374　　輸入貨物の輸入申告の後に行われる当該輸入貨物の据付けに要する役務の費用で、その額が明らかなものは、課税価格に算入される。

問題 375　　輸入申告後に本邦において輸入貨物の据付けが行われる場合に、当該据付けに係る作業の一環として、当該輸入貨物の輸入前に本邦において据付用土台の設置作業が行われ、買手が、当該輸入貨物に係る支払とは別に当該設置作業の費用を売手に支払うときは、当該費用の額は、課税価格に算入される。

問題 376　　買手が売手に対し輸入貨物につき現実に支払うべき価格に、当該輸入貨物の課税物件確定の時の属する日以後に、本邦において行われる当該輸入貨物に係る整備に要する費用の額が含まれている場合であって、当該費用の額を明らかにすることができるときは、当該費用の額は、課税価格に算入されない。

解答 373　×

　課税価格の決定に当たっては、仕入書価格以外に別払金等があれば、これを仕入書価格に加えたものが現実支払価格である。また、買手に対して負っている売手の債務を控除して仕入書価格としている場合には、当該仕入書価格は現実支払価格として採用できないため、売手及び買手間の債権及び債務の相殺の有無も確認する必要がある。
根拠規定：定率法第4条第1項、定率令第1条の4

解答 374　×

　輸入申告の後に行われる輸入貨物の据付けに要する役務の費用で、その額が明らかなものは、現実支払価格に含まれないものとされており、課税価格に算入されない。
根拠規定：定率法第4条第1項、定率令第1条の4第1号

解答 375　×

　輸入貨物の据付作業の一環として当該輸入貨物の輸入前に本邦において行われる据付用土台の設置作業に係る費用は、当該輸入貨物の輸入後に行われる据付けに要する役務の費用に該当することから、課税価格に算入されない。
根拠規定：定率令第1条の4第1号、定率通達4-2（2）イ

解答 376　○
根拠規定：定率令第1条の4第1号

Level
4
本試験レベル

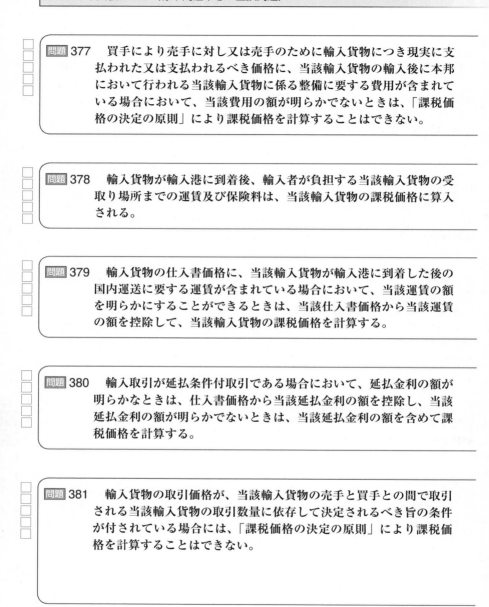

問題 377　買手により売手に対し又は売手のために輸入貨物につき現実に支払われた又は支払われるべき価格に、当該輸入貨物の輸入後に本邦において行われる当該輸入貨物に係る整備に要する費用が含まれている場合において、当該費用の額が明らかでないときは、「課税価格の決定の原則」により課税価格を計算することはできない。

問題 378　輸入貨物が輸入港に到着後、輸入者が負担する当該輸入貨物の受取り場所までの運賃及び保険料は、当該輸入貨物の課税価格に算入される。

問題 379　輸入貨物の仕入書価格に、当該輸入貨物が輸入港に到着した後の国内運送に要する運賃が含まれている場合において、当該運賃の額を明らかにすることができるときは、当該仕入書価格から当該運賃の額を控除して、当該輸入貨物の課税価格を計算する。

問題 380　輸入取引が延払条件付取引である場合において、延払金利の額が明らかなときは、仕入書価格から当該延払金利の額を控除し、当該延払金利の額が明らかでないときは、当該延払金利の額を含めて課税価格を計算する。

問題 381　輸入貨物の取引価格が、当該輸入貨物の売手と買手との間で取引される当該輸入貨物の取引数量に依存して決定されるべき旨の条件が付されている場合には、「課税価格の決定の原則」により課税価格を計算することはできない。

解答 377　×
　輸入後における輸入貨物の整備の費用の額が明らかでない場合には、その額を課税価格から控除することはできないため、当該明らかにすることができない額を含めて課税価格を計算する。
根拠規定：定率令第1条の4ただし書

解答 378　×
　輸入港に到着後の運賃及び保険料は、課税価格に算入されない。
根拠規定：定率法第4条第1項第1号、定率令第1条の4第2号

解答 379　○
根拠規定：定率法第4条第1項第1号、定率令第1条の4第2号

解答 380　○
根拠規定：定率令第1条の4第4号

解答 381　×
　輸入貨物の取引価格が、当該輸入貨物以外の貨物の取引数量又は取引価格に依存して決定されるべき旨の条件が付されている場合は、「課税価格の決定の原則」により課税価格を計算することはできないが、取引価格が当該輸入貨物の取引数量に依存して決定される、いわゆる数量値引きのような条件は、商取引上一般的なものであり、「課税価格の決定の原則」により課税価格を計算することができない事由に当たらない。
根拠規定：定率法第4条第1項、第2項第2号、定率通達4－3

問題 382　輸入貨物に係る輸入取引が延払条件付取引であるときは、当該輸入貨物の課税価格の決定を困難とする条件に該当し、当該輸入貨物の取引価格を課税価格とすることはできない。

問題 383　買手が売手に対し輸入貨物に係る仕入書価格に相当する額を支払った後に、輸入取引に付されている価格調整条項の適用により当該輸入貨物の取引価格の調整が行われ、その支払額の一部が売手から買手に返金された場合であっても、その返金額は、課税価格の計算に当たっては考慮されない。

問題 384　輸出国において在庫整理のための特別セールがあり、大幅な値引きの対象となった貨物を購入し輸入した。この場合、当該輸入貨物の取引価格に基づいて課税価格を計算することができる。

問題 385　輸入貨物に係る輸入取引において、当該輸入貨物の取引価格について当該輸入貨物の取引数量に応じた値引きが与えられる条件が付されている場合は、「課税価格の決定の原則」により課税価格を計算することができる。

問題 386　買手は、売手と本邦における輸入貨物に関する販売代理店契約を結び、売手から、当該輸入貨物の代金の 5 ～ 10% 相当の国内販売手数料を受領している。当該輸入貨物の仕入書には、当該国内販売手数料を支払う旨及びその額の表示はなく、当該輸入貨物の代金のみが記載されている。

　この場合、買手が売手から受け取る当該国内販売手数料を仕入書価格から控除して、当該輸入貨物の課税価格を計算することができる。

解答 382　×
　輸入貨物に係る輸入取引が延払条件付取引である場合は、延払金利の額が明らかであればその額を控除し、延払金利の額を明らかにすることができないときはその額を含めて課税価格を計算すればよく、課税価格の決定を困難とする条件には該当しない。
根拠規定：定率法第4条第1項、定率令第1条の4第4号

解答 383　×
　輸入貨物の輸入取引に付された価格調整条項の適用により、その支払額の一部が返金された場合の現実支払価格は、仕入書価格からその返金額を控除した価格であり、その返金額は課税価格に算入されない。
根拠規定：定率法第4条第1項、定率通達4－2の2（3）

解答 384　○
根拠規定：定率法第4条第1項

解答 385　○
　当該輸入貨物の取引数量に応じた値引き（数量値引き）が納税申告の際に確定しており、当該値引き後の価格が買手により現実に支払われるときは、当該値引き後の価格が現実支払価格となる。
根拠規定：定率法第4条第1項、定率通達4－3

解答 386　×
　買手が売手の本邦における販売代理店である場合において、売手から買手に支払われるリターン・コミッションは、一般的には国内販売等に係る費用の補てんとして支払われるものであり、その場合には、輸入貨物に係る価格を調整するために支払われる返戻金とは認められない。したがって、当該リターン・コミッションを仕入書価格から控除して課税価格を計算することはできない。
根拠規定：定率法第4条第1項、定率通達4－2の2（3）（注2）

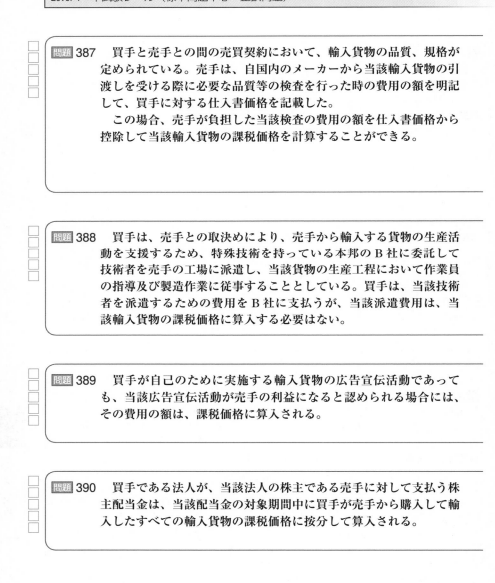

問題 387　買手と売手との間の売買契約において、輸入貨物の品質、規格が
定められている。売手は、自国内のメーカーから当該輸入貨物の引
渡しを受ける際に必要な品質等の検査を行った時の費用の額を明記
して、買手に対する仕入書価格を記載した。
　　　この場合、売手が負担した当該検査の費用の額を仕入書価格から
控除して当該輸入貨物の課税価格を計算することができる。

問題 388　買手は、売手との取決めにより、売手から輸入する貨物の生産活
動を支援するため、特殊技術を持っている本邦の B 社に委託して
技術者を売手の工場に派遣し、当該貨物の生産工程において作業員
の指導及び製造作業に従事することとしている。買手は、当該技術
者を派遣するための費用を B 社に支払うが、当該派遣費用は、当
該輸入貨物の課税価格に算入する必要はない。

問題 389　買手が自己のために実施する輸入貨物の広告宣伝活動であって
も、当該広告宣伝活動が売手の利益になると認められる場合には、
その費用の額は、課税価格に算入される。

問題 390　買手である法人が、当該法人の株主である売手に対して支払う株
主配当金は、当該配当金の対象期間中に買手が売手から購入して輸
入したすべての輸入貨物の課税価格に按分して算入される。

解答 387　×

　この検査は、売手が契約条件（品質、規格）を履行するために行ったものであり、その検査費用は売手が負担すべきものである。当該検査費用の額が仕入書に明記されているということは、その額を買手が負担することになることから、当該検査費用の額を含む仕入書価格の総額が現実支払価格となる。

　なお、当該検査費用を仕入書価格とは別に売手に支払う場合においても、当該検査の費用の額は、売手への支払の総額の一部を構成するものであり、現実支払価格に含まれることになる。

根拠規定：定率法第4条第1項、定率通達4－2の3（1）

解答 388　×

　買手がB社に委託して行う技術者の派遣は、売手との取決めによって売手のために行われるものであり、当該技術者は、売手の生産活動に従事していることから、買手が負担する当該技術者の派遣費用は、売手への間接支払に該当し、課税価格に算入される。

根拠規定：定率法第4条第1項、定率通達4－2の3（3）ただし書

解答 389　×

　買手が自己のために行う輸入貨物の広告宣伝活動の費用の額は、売手の利益になると認められる活動に係るものであっても、売手に対する間接的な支払には該当しない。

根拠規定：定率法第4条第1項、定率通達4－2（4）

解答 390　×

　買手が株主である売手に支払う株主配当金は、輸入貨物とは関係のないものであり、現実支払価格に含まれない。

根拠規定：定率法第4条第1項、定率通達4－2（4）

Level

4

本試験レベル

5　加算要素（運送関連費用）

問題 391　「加算要素」とは、輸入貨物の課税価格を計算するに当たって、買手により売手に対し又は売手のために現実に支払われた又は支払われるべき価格（現実支払価格）に、その含まれていない限度において加算すべき輸入港までの運賃等をいう。

問題 392　輸入貨物を運送するために要した船舶の改装費用は、輸入港到着までの運賃に含まれるため当該輸入貨物の課税価格に算入されるが、輸入港到着後に当該船舶を原状に復旧させるための費用は、課税価格に算入しなくてもよい。

問題 393　輸入貨物が積載数量を特約した航海用船契約に基づき運送された場合において、実際の積載数量が当該特約数量に満たなかったときは、実際に支払われた運賃に合理的な調整を加えた運賃を課税価格に算入する。

問題 394　輸入取引に係る輸入貨物につき、買手により売手に対して行われる支払の総額に、当該輸入貨物の輸入港到着後の運送に要する保険料が含まれている場合であって、当該保険料の額を明らかにすることができないときは、「課税価格の決定の原則」により課税価格を計算することはできない。

問題 395　輸入貨物が輸入港に到着するまでの運送に要した運賃の額とは、当該輸入貨物が輸入港の港域に到着する時点までに要した運賃の額をいう。

解答 391　○
根拠規定：定率法第4条第1項

解答 392　○
根拠規定：定率法第4条第1項第1号、定率通達4－8（3）イ（イ）、（7）ロ

解答 393　×
　　合理的な調整を加えることができるのは、実際の積載数量が特約数量よりも「著しく少ない」場合である。
根拠規定：定率法第4条第1項第1号、定率通達4－8（3）イ

解答 394　×
　　輸入港到着後の運送に要する保険料が輸入貨物についての支払の総額に含まれている場合であって、その額を明らかにすることができないときは、当該明らかにすることができない保険料の額を含めて課税価格を計算する。
根拠規定：定率法第4条第1項、定率令第1条の4ただし書

解答 395　×
　　「輸入港に到着する」とは、単に輸入港の港域に到達することではなく、輸入貨物の船卸し又は取卸しができる状態になることとされている。
根拠規定：定率法第4条第1項第1号、定率通達4－8（2）

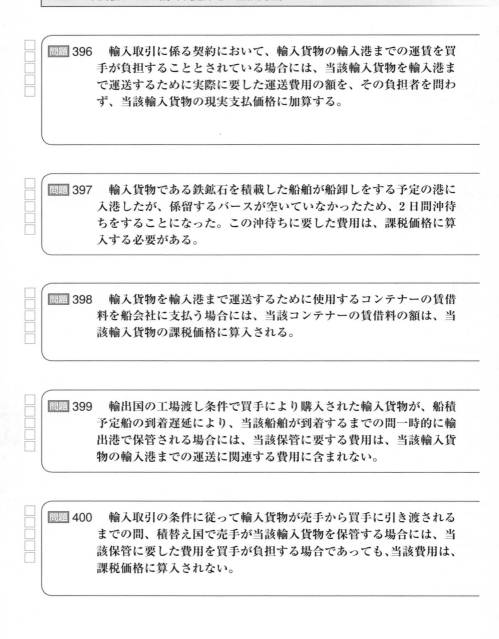

問題 396　輸入取引に係る契約において、輸入貨物の輸入港までの運賃を買手が負担することとされている場合には、当該輸入貨物を輸入港まで運送するために実際に要した運送費用の額を、その負担者を問わず、当該輸入貨物の現実支払価格に加算する。

問題 397　輸入貨物である鉄鉱石を積載した船舶が船卸しをする予定の港に入港したが、係留するバースが空いていなかったため、2日間沖待ちをすることになった。この沖待ちに要した費用は、課税価格に算入する必要がある。

問題 398　輸入貨物を輸入港まで運送するために使用するコンテナーの賃借料を船会社に支払う場合には、当該コンテナーの賃借料の額は、当該輸入貨物の課税価格に算入される。

問題 399　輸出国の工場渡し条件で買手により購入された輸入貨物が、船積予定船の到着遅延により、当該船舶が到着するまでの間一時的に輸出港で保管される場合には、当該保管に要する費用は、当該輸入貨物の輸入港までの運送に関連する費用に含まれない。

問題 400　輸入取引の条件に従って輸入貨物が売手から買手に引き渡されるまでの間、積替え国で売手が当該輸入貨物を保管する場合には、当該保管に要した費用を買手が負担する場合であっても、当該費用は、課税価格に算入されない。

解答 396　〇

　輸入取引に係る契約において、輸入貨物の輸入港までの運賃を買手が負担することと
されている場合（FOB契約等の場合）は、当該運賃は現実支払価格に含まれていない
ものとして取り扱うので、実際に当該運賃を誰が負担したかにかかわらず、現実支払価
格に加算しなければならない。
根拠規定：定率法第4条第1項第1号、定率通達4－8（6）ロ

解答 397　×

　輸入港における滞船料（発生の時点が輸入港到着後であるかないかを問わない。）は、
輸入港までの運賃の計算上考慮しない。
根拠規定：定率法第4条第1項、定率通達4－8（3）ヘ

解答 398　〇

　コンテナー賃借料は、輸入貨物の輸入港到着までに要する運賃に含まれる。ただし、
輸入港到着日の翌日以降の期間に対応する額が明らかであれば、当該額は含めない。
根拠規定：定率法第4条第1項、定率通達4－8（3）イ（ハ）

解答 399　×

　船積予定船舶の到着遅延による輸入貨物の一時的保管に要する費用は、輸入貨物の輸
入港到着までの「その他当該運送に関連する費用」に含まれる。
根拠規定：定率法第4条第1項、定率通達4－8（5）イ

解答 400　×

　輸入取引の条件に従って輸入貨物が買手に引き渡されるまでの間に、積替え国におい
て輸入貨物を保管する費用は、売手が負担すべきものであり、これを買手が負担する場
合は、現実支払価格に含まれる。
根拠規定：定率法第4条第1項、定率通達4－2（5）

Level

4

本試験レベル

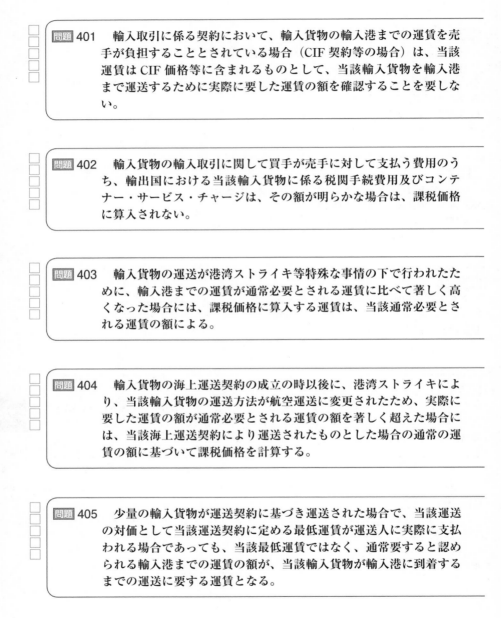

問題 401　輸入取引に係る契約において、輸入貨物の輸入港までの運賃を売手が負担することとされている場合（CIF 契約等の場合）は、当該運賃は CIF 価格等に含まれるものとして、当該輸入貨物を輸入港まで運送するために実際に要した運賃の額を確認することを要しない。

問題 402　輸入貨物の輸入取引に関して買手が売手に対して支払う費用のうち、輸出国における当該輸入貨物に係る税関手続費用及びコンテナー・サービス・チャージは、その額が明らかな場合は、課税価格に算入されない。

問題 403　輸入貨物の運送が港湾ストライキ等特殊な事情の下で行われたために、輸入港までの運賃が通常必要とされる運賃に比べて著しく高くなった場合には、課税価格に算入する運賃は、当該通常必要とされる運賃の額による。

問題 404　輸入貨物の海上運送契約の成立の時以後に、港湾ストライキにより、当該輸入貨物の運送方法が航空運送に変更されたため、実際に要した運賃の額が通常必要とされる運賃の額を著しく超えた場合には、当該海上運送契約により運送されたものとした場合の通常の運賃の額に基づいて課税価格を計算する。

問題 405　少量の輸入貨物が運送契約に基づき運送された場合で、当該運送の対価として当該運送契約に定める最低運賃が運送人に実際に支払われる場合であっても、当該最低運賃ではなく、通常要すると認められる輸入港までの運賃の額が、当該輸入貨物が輸入港に到着するまでの運送に要する運賃となる。

解答 401　○
根拠規定：定率法第4条第1項第1号、定率通達4－8（6）イ

解答 402　×
　輸出国における税関手続に係る費用やコンテナー・サービス・チャージは、「その他当該運送に関連する費用」として、その負担者にかかわらず、課税価格に算入される。
根拠規定：定率法第4条第1項、定率通達4－8（5）ロ、ハ

解答 403　○
根拠規定：定率令第1条の5第1項、定率通達4－8（8）

解答 404　○
根拠規定：定率令第1条の5第1項、定率通達4－8（8）イ

解答 405　×
　輸入貨物が最低運賃が適用される少額貨物である場合は、実際に支払われる当該最低運賃が輸入港に到着するまでの運賃となる。
根拠規定：定率法第4条第1項、定率通達4－8（3）イなお書

問題 406　輸入貨物について、輸入港に到着するまでの運送に係る保険が付されていない場合には、税関長が通常要すると認められる額として公示する保険料を現実支払価格に加算する。

問題 407　輸入貨物の課税価格に算入される運賃は、当該輸入貨物が輸出国の輸出港から本邦の輸入港に到着するまでの運送に要する費用に限られ、輸出国内において要した運賃及び本邦の輸入港到着後に要する運賃は算入されない。

問題 408　買手が運送業者に支払う輸入貨物の運賃に、当該輸入貨物が本邦の輸入港に到着した後の国内運送に要する運賃が含まれている場合において、当該国内運送に要する運賃の額を明らかにすることができないときは、運送業者に支払う運賃の総額が、課税価格に算入される。

問題 409　売買契約（CIF 価格）では、輸入貨物の運送を海上輸送としていたが、買手が当該輸入貨物の引取りを急いだため、航空輸送を利用することになった。この変更に伴う運賃の一部を買手が負担することとなったが、当該輸入貨物が CIF 価格であるため、買手が負担した運賃の額は、課税価格に算入する必要はない。

問題 410　航空機により運送された輸入貨物が公衆の衛生の保持のため緊急に輸入する必要があるものであるときは、当該輸入貨物の課税価格に算入する運賃及び保険料は、航空機による運送以外の通常の運送方法による運賃及び保険料による。

解答 406　×
　輸入貨物に保険が付されていない場合は、通常必要とされる保険料を見積ることはない。税関長が公示する保険料を使用するのは、保険を付しているが、その保険料の額が不明の場合である。
根拠規定：定率法第４条第１項、定率通達４−８（4）イ、ハ

解答 407　×
　輸出国内の運送に要した運賃は、輸入港到着までに要した運賃に含まれる。
根拠規定：定率法第４条第１項第１号、定率令第１条の４第２号、定率通達４−８（3）

解答 408　○
根拠規定：定率通達４−８（7）ハ

解答 409　×
　CIF 価格の場合は、当該 CIF 価格に含まれる運送費用の額を確認することは要しないが、買手が当該 CIF 価格の支払とは別に運送費用の一部を負担したときは、その額を当該 CIF 価格に加算することとなる。
根拠規定：定率法第４条第１項第１号、定率通達４−８（6）イただし書

解答 410　○
根拠規定：定率法第４条の６第１項

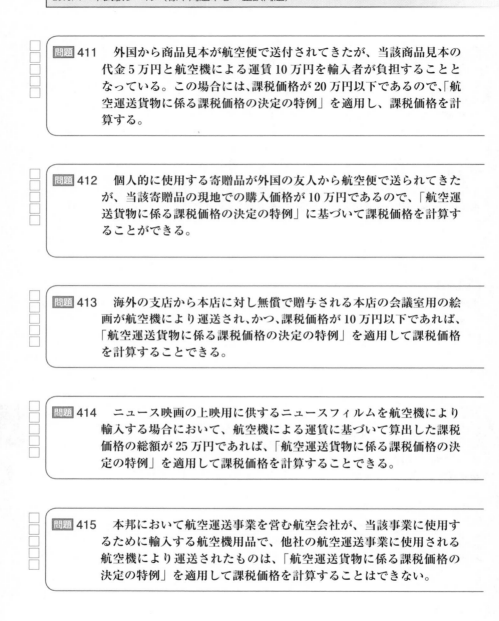

問題 411　外国から商品見本が航空便で送付されてきたが、当該商品見本の代金 5 万円と航空機による運賃 10 万円を輸入者が負担することとなっている。この場合には、課税価格が 20 万円以下であるので、「航空運送貨物に係る課税価格の決定の特例」を適用し、課税価格を計算する。

問題 412　個人的に使用する寄贈品が外国の友人から航空便で送られてきたが、当該寄贈品の現地での購入価格が 10 万円であるので、「航空運送貨物に係る課税価格の決定の特例」に基づいて課税価格を計算することができる。

問題 413　海外の支店から本店に対し無償で贈与される本店の会議室用の絵画が航空機により運送され、かつ、課税価格が 10 万円以下であれば、「航空運送貨物に係る課税価格の決定の特例」を適用して課税価格を計算することできる。

問題 414　ニュース映画の上映用に供するニュースフィルムを航空機により輸入する場合において、航空機による運賃に基づいて算出した課税価格の総額が 25 万円であれば、「航空運送貨物に係る課税価格の決定の特例」を適用して課税価格を計算することができる。

問題 415　本邦において航空運送事業を営む航空会社が、当該事業に使用するために輸入する航空機用品で、他社の航空運送事業に使用される航空機により運送されたものは、「航空運送貨物に係る課税価格の決定の特例」を適用して課税価格を計算することはできない。

解答 411　×
　航空運賃特例の適用がある商品見本は、無償の見本（航空機による運賃及び保険料を含んだ課税価格が 20 万円を超えないもの）に限られており、有償の商品見本については適用されない。
根拠規定：定率法第 4 条の 6 第 1 項、定率令第 1 条の 13 第 1 項

解答 412　×
　航空運賃特例は、個人的な使用のために寄贈された物品の購入価格が 10 万円ではなく、航空機による運賃及び保険料に基づいて算出した課税価格の総額が 10 万円以下の貨物について適用される。
根拠規定：定率令第 1 条の 13 第 2 項第 1 号

解答 413　×
　航空運賃特例が適用されるのは、本邦に居住する者（法人は含まない。）の個人的な使用のために寄贈された物品に限られている。
根拠規定：定率令第 1 条の 13 第 2 項第 1 号、定率通達 4 の 6 － 1（5）

解答 414　○
　ニュース映画の上映用に供するニュースフィルムについては、航空運賃等に基づき計算した課税価格の総額に関係なく、航空運賃特例が適用される。
根拠規定：定率法第 4 条の 6 第 1 項、定率令第 1 条の 13 第 2 項第 2 号

解答 415　○
　航空運賃特例が適用されるのは、自社の航空運送事業に使用する航空機によって運送されたものに限られている。
根拠規定：定率法第 4 条の 6 第 1 項、定率令第 1 条の 13 第 2 項第 3 号

Level 4　本試験レベル

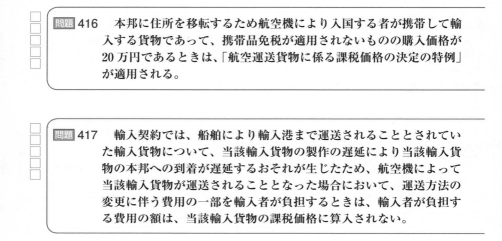

問題 416　本邦に住所を移転するため航空機により入国する者が携帯して輸入する貨物であって、携帯品免税が適用されないものの購入価格が20万円であるときは、「航空運送貨物に係る課税価格の決定の特例」が適用される。

問題 417　輸入契約では、船舶により輸入港まで運送されることとされていた輸入貨物について、当該輸入貨物の製作の遅延により当該輸入貨物の本邦への到着が遅延するおそれが生じたため、航空機によって当該輸入貨物が運送されることとなった場合において、運送方法の変更に伴う費用の一部を輸入者が負担するときは、輸入者が負担する費用の額は、当該輸入貨物の課税価格に算入されない。

問題 418　修繕又は取替えのため無償で輸入される貨物が航空機により本邦まで運送された場合は、航空機による運賃及び保険料の額に基づいて計算した課税価格が20万円を超えるときであっても、航空機による運送方法以外の通常の運送方法による運賃及び保険料の額に基づいて、当該輸入貨物の課税価格を計算することができる。

6　加算要素（輸入取引関連手数料等）

問題 419　本邦に所在する商社（買手）が、外国の売手との間で輸入取引を行うために必要な口銭（手数料）を第三者に支払っている場合であっても、この第三者に支払う口銭（手数料）は、輸入貨物の課税価格に算入されない。

問題 420　輸入貨物に係る輸入取引に関し買手が売手の販売代理人に支払う販売手数料については、課税価格に算入される。

解答 416　×

購入価格が 20 万円ではなく、航空機による運賃及び保険料に基づいて算出した課税価格が 20 万円以下である必要がある。

根拠規定：定率法第 4 条の 6 第 1 項、定率令第 1 条の 13 第 2 項第 5 号

解答 417　×

輸入者の責めによらない理由による運送方法の変更に伴う費用の全部又は一部を輸入者が負担する場合は、航空運賃特例の適用はなく、その負担した額は課税価格に算入される。

根拠規定：定率法第 4 条の 6 第 1 項、定率令第 1 条 13 第 2 項第 6 号、定率通達 4 の 6 － 1（13）

解答 418　○

修繕又は取替えのため無償で輸入される貨物については、航空運賃等に基づき計算した課税価格の総額に関係なく、航空運賃特例が適用される。

根拠規定：定率法第 4 条の 6 第 1 項、定率令第 1 条の 13 第 2 項第 7 号

解答 419　×

輸入取引に関連して、買手により第三者に対し輸入取引を行うために必要な口銭が支払われている場合には、この口銭は仲介料その他の手数料に該当し、課税価格に算入される。

根拠規定：定率法第 4 条第 1 項第 2 号イ

解答 420　○

仲介料その他の手数料に該当するので、課税価格に算入される。

根拠規定：定率法第 4 条第 1 項第 2 号イ、定率通達 4 － 9（1）、4 － 9（2）ロ

Level

4

本試験レベル

問題 421　　買付代理人が、買手に代わって売手と交渉するために要した交通費等は、課税価格に算入される。

問題 422　　輸出国において、買手に代わり輸入貨物の買付業務を行う買付代理人に対して買手により支払われる買付手数料は、課税価格に算入される。

問題 423　　買付手数料の名目で手数料を受領している者が、一の輸入取引に関し売手と買手の双方を代理している場合であっても、当該手数料は、買付手数料として課税価格に算入されない。

問題 424　　輸入貨物の課税価格に算入される容器の費用は、当該輸入貨物の通常の容器と同一の種類及び価値を有するものの費用に限られる。

問題 425　　輸入貨物の課税価格に算入される包装に要する費用には、当該輸入貨物の包装に係る材料費のほか、人件費その他の包装に要した費用も含まれる。

問題 426　　精密機器を輸入するに際して、貨物に異常な振動を与えないための特殊な包装を行う必要があり、このために特殊な技術を持っている輸出国の会社に包装作業を依頼した。当該包装作業のための費用は、課税価格に算入される。

解答 421　×
　　買付代理人が売手との交渉に要した交通費、宿泊費等は買付業務に要した費用（買付手数料の一部）であって、加算要素に該当せず、現実支払価格でもない。
根拠規定：定率法第４条第１項第２号イかっこ書

解答 422　×
　　買付手数料は、課税価格に算入されない。
根拠規定：定率法第４条第１項第２号イかっこ書

解答 423　×
　　手数料を受領する者が一の輸入取引に関し売手と買手の双方を代理している場合には、当該手数料は買付手数料には該当せず、課税価格に算入される。
根拠規定：定率法第４条第１項第２号イかっこ書、定率通達４－９（3）イただし書

解答 424　○
根拠規定：定率法第４条第１項第２号ロかっこ書

解答 425　○
根拠規定：定率法第４条第１項第２号ハ、定率通達４－11なお書

解答 426　○
根拠規定：定率法第４条第１項第２号ハ、定率通達４－11なお書

問題 427　買手と売手との間の輸入契約に関して仲介者 A 社が介在しており、A 社は、売手及び買手のために輸入貨物の発注及び受注の取次ぎ等輸入取引を成立させるための活動を行い、売手及び買手の双方から手数料を受け取っている。買手は、仕入書価格相当額を売手に支払い、A 社には当該手数料を別途支払っている。

なお、買手から売手に対しては、仕入書価格以外の支払はない。

この場合、売手が A 社に支払う手数料は、課税価格に算入する必要はない。

問題 428　買手は、売手から衣類を輸入するに当たって、国内で当該衣類を収納して店頭販売するためのビニール袋を、売手に無償で提供している。

このビニール袋は、本邦からの輸出時に関税定率法第 14 条第 11 号の規定による容器に係る再輸入免税を適用するための手続を行っているが、当該ビニール袋に要した費用は、当該衣類の課税価格に算入する必要はない。

7　加算要素（買手から無償提供された物品又は役務の費用）

問題 429　輸入貨物の生産及び輸入取引に関連して買手により無償で提供された物品又は役務の費用が、買手から売手に対して支払われた又は支払われるべき価格に含まれていない場合であっても、これらの費用の額を課税価格に算入する必要はない。

問題 430　買手が無償で提供した輸入貨物に組み込まれている部分品に要する費用とは、当該買手が当該部分品を取得するために通常要する費用に、当該部分品を輸入貨物の生産及び輸入取引に関連して提供するために要した運賃、保険料等であって、買手が負担したものを加算した費用とされている。

解答 427 ○

　加算要素となる手数料は、買手が負担するものに限られる。
根拠規定：定率法第4条第1項第2号イ

解答 428 ○

　買手が無償で提供したビニール袋について再輸入免税を適用する場合には、当該ビニール袋と輸入貨物である衣類は、輸入（納税）申告書上は別欄に記入することとされており、当該ビニール袋の課税価格と当該衣類の課税価格は別欄に記入することから、当該ビニール袋に係る費用は、当該衣類の課税価格には算入されない。
根拠規定：定率法第4条第1項第3号イ、定率通達14－16（4）、（5）及び（6）

解答 429 ×

　設問のような費用は加算要素に該当するので、当該費用が現実支払価格に含まれていない場合には、当該費用の額を加えて課税価格を計算しなければならない。
根拠規定：定率法第4条第1項第3号

解答 430 ○

根拠規定：定率法第4条第1項第3号イ、定率令第1条の5第2項

問題 431　輸入貨物に組み込まれている部分品であって、買手により売手に対して無償で提供されたものに要する費用は、当該部分品が本邦において生産されたものである場合には、課税価格に算入されない。

問題 432　買手が売手に無償で提供した部分品は、ロスを見込んで数量を多めに提供している。このロス分に相当する費用は、課税価格に算入する必要はない。

問題 433　買手が外国のメーカー（売手）に生産委託をした衣類を輸入しているが、当該衣類に使われるボタンを買手の依頼を受けて、衣類の再販売先が無償で売手に提供している場合には、当該ボタンの費用は、当該衣類の課税価格に算入される。

問題 434　買手が物品を携帯輸出し無償で提供した場合等であって、当該提供に要した「運賃、保険料その他の費用」が明らかでないときは、当該提供に要した費用は、通常必要とされる運賃、保険料その他の費用の額により算出する。

問題 435　買手が無償で提供した金型を使用して製作した貨物を売手が本邦及び第三国に輸出する場合、本邦に輸入される貨物の課税価格に算入する当該金型の費用の額は、本邦に輸出される貨物と第三国へ輸出される貨物の割合に応じて按分して計算する。

問題 436　輸入貨物の生産に関連して、買手が売手に対し無償で金型を提供した場合であって、当該金型を買手が特殊関係者から取得したものであるときは、当該金型の生産費に基づいて課税価格を計算する。

解答 431　×
　輸入貨物に組み込まれている買手が売手に無償提供した物品に要する費用は、当該物品の生産国に関係なく、課税価格に算入される。
根拠規定：定率法第4条第1項第3号イ

解答 432　×
　買手により無償提供された物品中に生産ロスを見込んだスペア部品等が含まれている場合には、当該スペア部品等を含む費用の総額が加算要素となる。
根拠規定：定率法第4条第1項第3号イ、定率通達4-12（6）イ

解答 433　○
　買手による間接的な物品の無償提供であり、加算要素となる。
根拠規定：定率法第4条第1項第3号イ

解答 434　○
根拠規定：定率法第4条第1項、定率通達4-12（6）ホ

解答 435　○
根拠規定：定率法第4条第1項第3号ロ、定率令第1条の5第2項前段かっこ書

解答 436　○
根拠規定：定率法第4条第1項第3号ロ、定率令第1条の5第2項第1号

Level

4

本試験レベル

問題 437　買手から売手に無償で提供し輸入貨物の生産に使用される金型の買付業務を当該買手が第三者に委託し、その対価として当該第三者に当該買付けのための手数料を支払う場合は、当該手数料の額は、当該輸入貨物の課税価格に算入される。

問題 438　買手が、本邦以外で開発された技術を自己と特殊関係にない者から取得して売手に無償で提供した場合には、当該技術の開発に要した費用の額は、課税価格に算入される。

問題 439　輸入貨物の生産に必要な金型を買手が売手に無償で提供した場合であって、当該金型を無償で提供するための運送費用を当該売手が負担したときは、当該運送費用を当該金型の費用の一部として、当該輸入貨物の現実支払価格に加えて課税価格を計算する。

問題 440　輸入貨物の生産に関連して買手により無償で売手に提供された金型の製作に、本邦において開発された設計が使用された場合において、当該金型の製作費に当該設計の費用が含まれているときは、当該金型の製作費から当該設計の費用の額を除いた額を現実支払価格に加算する。

問題 441　買手により無償で提供された金型を使用して貨物の生産が行われた場合において、当該貨物のうちの一部を買手が本邦に輸入し、残りを生産国で販売しているときは、当該金型の費用の総額を本邦への輸入分と生産国での販売分に按分し、生産国での販売分に按分される額は、買手が輸入する貨物の現実支払価格には加算されない。

解答 437 ○

　買手が無償提供する金型に係る買付けのための手数料は、輸入貨物の買付手数料ではなく、当該金型を取得するために要した費用であるので、課税価格に算入される。

根拠規定：定率法第4条第1項第3号ロ、定率令第1条の5第2項前段、定率通達4－12（6）ニ

解答 438 ×

　設問の場合には、当該技術を取得するために要した費用（当該技術の開発に要した費用ではない。）の額を課税価格に算入する（開発に要した費用の額を課税価格に算入するのは、当該技術を特殊関係にある者から取得した場合又は買手が自ら開発した場合である。）。

根拠規定：定率法第4条第1項第3号ニ、定率令第1条の5、第4項第2号

解答 439 ×

　無償提供した金型に要する費用に含まれるのは、その提供に要した運送費用を買手が負担した場合だけである。

根拠規定：定率法第4条第1項第3号ロ、定率令第1条の5第2項

解答 440 ×

　本邦において開発された設計そのものを無償提供した場合には、当該設計に要する費用は加算要素とならないが、当該設計が買手により無償で提供された金型の生産のために使用された場合には、当該設計に要する費用を含めた当該金型に要する費用が加算要素となる。

根拠規定：定率法第4条第1項第3号ロ、定率通達4－12（6）ロ

解答 441 ○

根拠規定：定率法第4条第1項第3号ロ、定率令第1条の5第2項前段かっこ書

Level

4

本試験レベル

問題 **442**　輸入貨物の生産に必要な技術を買手が売手に無償で提供する場合において、課税価格に算入される当該技術に要する費用は、本邦以外で開発された技術に係るものに限られる。

問題 **443**　輸入貨物の生産のために必要な技術であって、買手により売手に対して無償で提供されたものに要する費用は、当該技術の開発者が日本国籍を有する場合には、課税価格に算入されない。

問題 **444**　米国に在住している日本の芸術家が、米国において考案した図面を買手が購入し、米国のメーカー（売手）に無償で提供した。買手は、メーカーが当該図面を使用して製作した作品を輸入するが、当該図面の取得費用は、当該作品の課税価格に算入される。

問題 **445**　買手が輸入貨物の生産に必要な物品を売手に無償提供するため、本邦のメーカーから当該物品を取得した。当該物品を取得するために買手が自己の代理人に対して支払う手数料の額は、「買手が当該物品を取得するために通常要する費用」の額に含まれる。

問題 **446**　買手は、売手から食品を輸入するに当たって、食品衛生法に基づく表示事項と国内販売価格を表示するバーコードを併せて印刷したラベルを売手に無償で提供した。

　　この場合、無償提供したラベルに要する費用は、輸入貨物の課税価格に算入する必要はない。

解答 442 ○
根拠規定：定率法第4条第1項第3号ニ、定率令第1条の5第3項、定率通達4 - 12（4）

解答 443 ×
　買手により無償で提供された輸入貨物の生産のために必要な技術に要する費用が課税価格に算入されないのは、当該技術が本邦で開発された場合であって、開発者の国籍は関係しない。
根拠規定：定率法第4条第1項第3号ニ、定率令第1条の5第3項、定率通達4 - 12（4）

解答 444 ○
根拠規定：定率法第4条第1項第3号ニ、定率令第1条の5第3項、定率通達4 - 12（4）

解答 445 ○
根拠規定：定率令第1条の5第2項第2号、定率通達4 - 12（6）ニ

解答 446 ×
　我が国の法律等に基づき表示することが義務付けられている事項のみが表示されているラベルに要する費用は加算要素とならないが、設問のラベルには、当該事項以外の国内販売価格を表示するバーコードが表示されているので、当該ラベルに要した費用は加算要素となり、課税価格に算入される。
根拠規定：定率法第4条第1項第3号イ、定率通達4 - 12（1）ただし書

Level
4
本試験レベル

問題 447　　買手は、売手との間でスポーツ・シャツの売買契約を締結し、本邦のデザイン事務所に勤務しているフランス人デザイナーが本邦において製作したデザインを売手に無償提供した。

　　売手が当該デザインを使用して生産したスポーツ・シャツを輸入する場合は、当該デザインの製作に要した費用を含めて課税価格を計算する必要がある。

8　加算要素（知的財産権等の使用に伴う対価）

問題 448　　輸入貨物の輸入取引をするために買手により支払われる当該輸入貨物に係る権利の使用に伴う対価のうち、当該輸入貨物の課税価格に算入されるものは、当該輸入貨物に係る特許権、実用新案権、意匠権、商標権、著作権及び著作隣接権の使用に伴う対価に限られる。

問題 449　　輸入貨物を本邦において頒布し又は再販売するための権利を取得するための対価で買手により支払われたものは、いかなる場合であっても、当該輸入貨物の課税価格に算入されない。

問題 450　　輸入貨物に係る特許権の使用に伴う対価が、当該輸入貨物の取引の状況その他の事情からみて、当該輸入貨物の輸入取引をするために買手により支払われる場合において、その支払が売手と買手との取決めにより、第三者である特許権者に対して行われるときは、当該特許権者の居住地に関係なく、当該特許権の使用に伴う対価の額は、課税価格に算入される。

解答 447 ×
　買手が売手に無償提供したデザインは、輸入貨物の生産のために使用されたものであるが、当該デザインは本邦において製作されたものであることから、当該デザインの製作に要した費用は加算要素に該当せず、課税価格には算入されない。
根拠規定：定率法第4条第1項第3号ニ、定率令第1条の5第3項

解答 448 ×
　これらの権利に限らず、特別の技術による生産方式その他のロイヤルティ又はライセンス料の支払の対象となるものの使用に伴う対価も含まれる。
根拠規定：定率法第4条第1項第4号、定率令第1条の5第5項

解答 449 ×
　輸入貨物に係る取引の状況その他の事情からみて、当該輸入貨物の輸入取引をするために買手により支払われる場合には、当該輸入貨物を本邦において頒布し又は再販売する権利の取得のための対価は、課税価格に算入される。
根拠規定：定率法第4条第1項第4号、定率通達4−13（6）

解答 450 ○
根拠規定：定率法第4条第1項第4号、定率通達4−13（4）ロ

Level
4
本試験レベル

問題 451　　売手が輸入貨物に係る特許権者の下請会社である場合において、買手が当該輸入貨物に係る特許権の使用に伴う対価を当該特許権者に支払うときは、当該対価の額は、課税価格に算入されない。

問題 452　　輸入貨物を本邦において複製する権利の使用に伴う対価で、当該輸入貨物の輸入取引をするために買手から売手に対し支払われるものは、課税価格に算入される。

問題 453　　輸入貨物の輸入取引において、売手に対し当該輸入貨物に係る特許権及び当該輸入貨物を本邦で複製する権利の使用に伴う対価を支払っているが、当該複製する権利の使用に伴う対価の額が明らかでない場合は、当該輸入貨物の課税価格は、当該明らかでない対価の額も含めて計算することとされている。

問題 454　　買手が売手以外の第三者である特許権者に支払う輸入貨物に係る特許権の使用に伴う対価の額は、輸入貨物の輸入取引をするために支払われるものでない場合であっても、課税価格に算入される。

解答 451　×

　輸入貨物に係る特許権の使用に伴う対価は、「輸入貨物に係る取引の状況その他の事情からみて当該輸入貨物の輸入取引をするために買手により支払われるもの」である場合に、当該輸入貨物の課税価格に算入される。売手が特許権者の下請会社である場合に、買手が当該特許権者に支払う特許権の使用に伴う対価は、これに該当するので、課税価格に算入される。

根拠規定：定率法第 4 条第 1 項第 4 号、定率通達 4 - 13（4）ニ

解答 452　×

　輸入貨物を本邦において複製する権利の使用に伴う対価は、法律の規定により加算要素から除かれており、当該輸入貨物の輸入取引をするために支払われるかどうかにかかわらず、課税価格に算入されない。

根拠規定：定率法第 4 条第 1 項第 4 号かっこ書

解答 453　×

　複製権の使用に伴う対価の額は加算要素ではないので、その額が不明であるからといって、その額を含んだ支払の総額を課税価格とすることはできない（設問のような場合は、合理的な方法による権利の対価の額の按分が必要である。）。

根拠規定：定率法第 4 条第 1 項第 4 号

解答 454　×

　輸入貨物に係る特許権の使用に伴う対価は、①輸入貨物に係るものであって、かつ、②輸入貨物に係る取引の状況その他の事情からみて、輸入取引をするために支払われる場合に限り、課税価格に算入される。

根拠規定：定率法第 4 条第 1 項第 4 号、定率通達 4 - 13（2）

Level

4

本試験レベル

問題 455　　買手は、米国の写真家 S 氏（売手）の写真集を出版することを企画し、S 氏から写真を購入して輸入する。また、買手は、当該写真の代金とは別に、S 氏との契約により、当該写真集の作成に当たり本邦において当該写真を印刷するためのライセンス料として、当該写真集の国内販売価格の 1% に相当する額を S 氏に支払うこととしている。

　　この場合の当該ライセンス料は、輸入貨物の課税価格に算入する必要はない。

9　加算要素（売手帰属収益）

問題 456　　輸入貨物の輸入取引の条件として、買手による当該輸入貨物の再販売による収益の一部が売手に支払われる場合において、売手に支払われる収益の額が明らかなときは、売手に支払われる収益の額を当該輸入貨物の課税価格に算入する。

■　課税価格の決定の原則によれない場合

10　同種又は類似の貨物に係る取引価格による方法

問題 457　　「課税価格の決定の原則」に基づいて輸入貨物の課税価格を計算することができない場合とは、輸入貨物につき輸入取引がないために、当該輸入貨物の課税価格を計算できない場合のみをいう。

問題 458　　輸入貨物と同種又は類似の貨物に係る取引価格により課税価格を計算する場合において、当該輸入貨物と同種又は類似の貨物は、輸入貨物の本邦への輸出の日又はこれに近接する日に本邦へ輸出されたもので、当該輸入貨物の生産国で生産されたものに限られる。

解答 455　◯

　輸入貨物を本邦において複製する権利の使用に伴う対価は、加算要素から除かれている。

根拠規定：定率法第4条第1項第4号かっこ書、定率通達4-13（5）ホ

解答 456　◯

根拠規定：定率法第4条第1項第5号

解答 457　×

　「課税価格の決定の原則」に基づいて輸入貨物の課税価格を計算することができない場合には、設問に記載されている場合のほか、輸入貨物の輸入取引に関し「特別な事情」がある場合、課税価格への疑義が解明されない場合がある。

根拠規定：定率法第4条第1項、第2項、定率通達4-1の2

解答 458　◯

根拠規定：定率法第4条の2第1項前段かっこ書

問題 459　輸入貨物と同種又は類似の貨物に係る取引価格により課税価格を計算する場合において、当該輸入貨物の生産国において生産された当該輸入貨物と同種又は類似の貨物が存在しないときは、当該生産国の隣国で生産された当該輸入貨物と同種又は類似の貨物に係る取引価格に基づいて課税価格を計算することが認められている。

問題 460　課税価格を計算する場合に用いられる輸入貨物と同種又は類似の貨物に係る取引価格は、当該輸入貨物の取引段階と同一の取引段階及び当該輸入貨物の取引数量と同一の取引数量により輸入された貨物に係る取引価格に限られる。

問題 461　課税価格を計算する場合において、輸入貨物と同種の貨物に係る取引価格と類似の貨物に係る取引価格の双方があるときは、当該輸入貨物と類似の貨物の取引価格を用いることができる。

問題 462　輸入貨物と同種の貨物に係る取引価格により課税価格を計算するに当たって、輸入貨物の生産者が生産した同種の貨物に係る取引価格と、他の生産者が生産した同種の貨物に係る取引価格との双方があるときは、いずれか小さい取引価格を用いる。

問題 463　輸入貨物の生産者が生産した類似の貨物に係る取引価格と他の生産者が生産した同種の貨物に係る取引価格の双方がある場合の課税価格は、当該輸入貨物の生産者が生産した類似の貨物に係る取引価格を用いなければならない。

解答 459 ×
　輸入貨物と同種又は類似の貨物は、当該輸入貨物の生産国で生産されたものに限られる。
根拠規定：定率法第4条の2第1項前段かっこ書

解答 460 ×
　輸入貨物と取引段階は同一である必要があるが、取引数量は実質的に同一であればよい。
根拠規定：定率法第4条の2第1項後段

解答 461 ×
　輸入貨物と同種の貨物に係る取引価格と類似の貨物に係る取引価格との双方があるときは、同種の貨物の取引価格による。
根拠規定：定率法第4条の2第1項前段かっこ書

解答 462 ×
　設問の場合は、常に輸入貨物の生産者が生産した同種の貨物に係る取引価格が優先する（類似の貨物についても同様である。）。
根拠規定：定率法第4条の2第1項、定率令第1条の10第1項

解答 463 ×
　輸入貨物と同種の貨物の取引価格と類似の貨物の取引価格の双方に係る取引価格がある場合は、常に同種の貨物に係る取引価格が優先する。
根拠規定：定率法第4条の2第1項前段かっこ書

Level
4
本試験レベル

問題 464　輸入貨物と同種又は類似の貨物に係る取引価格により課税価格を計算する場合において、当該同種又は類似の貨物の輸入者が誰であるかによって、採用する取引価格に優先関係が生じることはない。

問題 465　輸入貨物に係る取引価格と当該輸入貨物と同種又は類似の貨物に係る取引価格との間に、運送距離又は運送形態が異なることにより運賃等に相当の差異があるときは、その差異による価格差を調整した後の当該同種又は類似の貨物に係る取引価格により課税価格を計算する。

┃ 11　輸入貨物等の国内販売価格による方法

問題 466　輸入貨物等の国内販売価格に基づいて課税価格を計算する場合における国内販売価格は、当該輸入貨物等の国内における最後の取引段階における販売に係る単価に基づいて計算した場合に得られる価格である。

問題 467　輸入貨物等の国内販売価格に基づいて課税価格を計算する場合において、輸入貨物の国内販売価格と当該輸入貨物と同種又は類似の貨物に係る国内販売価格の双方があるときは、当該輸入貨物の国内販売価格による。

問題 468　輸入貨物等の国内販売価格に基づいて課税価格を計算する場合における国内販売価格は、輸入貨物又は当該輸入貨物と同種若しくは類似の貨物を相互に混合して販売されたものの価格であってもよい。

解答 464　○
　輸入者が誰であるかによる優先関係の規定はない。
根拠規定：定率法第4条の2、定率令第1条の10

解答 465　○
根拠規定：定率法第4条の2第1項後段

解答 466　×
　輸入貨物等の国内販売価格は、当該輸入貨物等の国内における「最初」の取引段階における販売に係る単価に基づいて計算した場合に得られる価格である。
根拠規定：定率法第4条の3第1項第1号、定率令第1条の11第2項

解答 467　○
根拠規定：定率法第4条の3第1項第1号、定率通達4の3－1（6）イ

解答 468　○
根拠規定：定率法第4条の3第1項第1号、定率令第1条の11第2項かっこ書

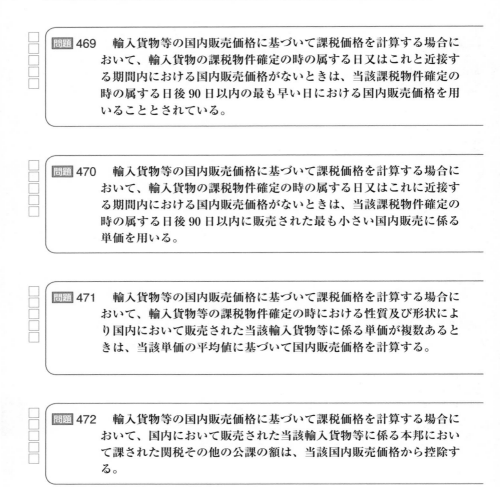

問題 469　　輸入貨物等の国内販売価格に基づいて課税価格を計算する場合において、輸入貨物の課税物件確定の時の属する日又はこれと近接する期間内における国内販売価格がないときは、当該課税物件確定の時の属する日後 90 日以内の最も早い日における国内販売価格を用いることとされている。

問題 470　　輸入貨物等の国内販売価格に基づいて課税価格を計算する場合において、輸入貨物の課税物件確定の時の属する日又はこれに近接する期間内における国内販売価格がないときは、当該課税物件確定の時の属する日後 90 日以内に販売された最も小さい国内販売に係る単価を用いる。

問題 471　　輸入貨物等の国内販売価格に基づいて課税価格を計算する場合において、輸入貨物等の課税物件確定の時における性質及び形状により国内において販売された当該輸入貨物等に係る単価が複数あるときは、当該単価の平均値に基づいて国内販売価格を計算する。

問題 472　　輸入貨物等の国内販売価格に基づいて課税価格を計算する場合において、国内において販売された当該輸入貨物等に係る本邦において課された関税その他の公課の額は、当該国内販売価格から控除する。

解答 469　○
根拠規定：定率法第 4 条の 3 第 1 項第 1 号、定率令第 1 条の 11 第 1 項

解答 470　×
　輸入貨物の課税物件確定の時の属する日後 90 日以内の最も早い日における国内販売価格（「最も小さい国内販売に係る単価」ではない。）を用いることとされている。
根拠規定：定率法第 4 条の 3 第 1 項第 1 号、定率令第 1 条の 11 第 1 項

解答 471　×
　輸入貨物等の課税物件確定の時における性質及び形状により国内において販売された同順位の当該輸入貨物等に係る単価が複数ある場合には、最大取引数量の販売に係る単価に基づいて、国内販売価格を計算する。
根拠規定：定率法第 4 条の 3 第 1 項第 1 号、定率令第 1 条の 11 第 2 項かっこ書

解答 472　○
根拠規定：定率法第 4 条の 3 第 1 項第 1 号ハ

Level
4
本試験レベル

12　加工後の輸入貨物の国内販売価格による方法

問題 473　　輸入貨物等の国内販売価格に基づいて課税価格を計算する場合において、輸入貨物の課税物件確定の時の属する日の後に加工の上、国内において販売された当該輸入貨物に係る国内販売価格と、その課税物件確定の時における性質及び形状により、当該輸入貨物の課税物件確定の時の属する日に国内において販売された当該輸入貨物と同種の貨物に係る国内販売価格とがあるときは、当該輸入貨物と同種の貨物に係る国内販売価格に基づいて課税価格を計算する。

問題 474　　輸入貨物等の国内販売価格に基づいて課税価格を計算する場合において、その課税物件確定の時における性質及び形状により、輸入貨物の課税物件確定の時の属する日に国内において販売された当該輸入貨物に係る国内販売価格がある場合であっても、当該輸入貨物の輸入者が希望する旨を税関長に申し出たときは、当該課税物件確定の時の属する日の後に加工の上、国内において販売された当該輸入貨物に係る国内販売価格に基づいて課税価格を計算することができる。

問題 475　　輸入貨物等の国内販売価格に基づいて課税価格を計算する場合において、その課税物件確定の時の性質及び形状により販売された当該輸入貨物等に係る国内販売価格がない場合で、かつ、輸入者が希望する旨を税関長に申し出たときは、輸入貨物の課税物件確定の時の属する日の後に国内において加工の上、国内において販売された当該輸入貨物に係る国内販売価格を用いて課税価格を計算することができる。

問題 476　　輸入貨物等の国内販売価格に基づいて課税価格を計算する場合において、その課税物件確定の時の属する日の後に加工の上、国内販売された輸入貨物の国内販売価格が用いられるのは、輸入貨物の課税物件確定の時の属する日の後 90 日以内に加工の上販売されたものに限られる。

解答 473　○
根拠規定：定率法第４条の３第１項ただし書

解答 474　×
　加工後の輸入貨物の国内販売価格に基づいて課税価格を計算することができるのは、当該輸入貨物又は当該輸入貨物と同種若しくは類似の貨物に係る国内販売価格がない場合であって、かつ、輸入者が希望する旨を税関長に申し出た場合に限られている。
根拠規定：定率法第４条の３第１項ただし書

解答 475　○
根拠規定：定率法第４条の３第１項ただし書、同項第２号

解答 476　×
　加工の上、国内販売される輸入貨物については、その輸入から国内販売までの期間は設けられていない。
根拠規定：定率法第４条の３第１項第２号

問題 477　輸入貨物等の国内販売価格に基づいて課税価格を計算する場合において は、当該輸入貨物と同種又は類似の貨物の加工後の国内販売価格も課税価格の計算の基礎として採用することができる。

13　輸入貨物の製造原価による方法

問題 478　輸入貨物の製造原価に基づいて課税価格を計算する場合において、当該製造原価には、当該輸入貨物の容器及び梱包の費用で買手が負担したものも含まれる。

問題 479　輸入貨物の製造原価に基づいて課税価格を計算する場合において、当該製造原価に加算する利潤及び一般経費は、当該輸入貨物の生産国で国内販売された当該輸入貨物と同種又は類似の貨物のものである。

問題 480　輸入貨物の製造原価に基づいて課税価格を計算する場合において、当該製造原価に加算する費用は、
　　　　イ　当該輸入貨物の生産国で生産された当該輸入貨物と同類の貨物の本邦への輸出のための販売に係る通常の利潤及び一般経費
　　　　ロ　当該輸入貨物の本邦の輸入港までの運賃等
である。

問題 481　輸入貨物の製造原価が確認できない場合には、当該輸入貨物の生産国で生産された当該輸入貨物と同種又は類似の貨物の製造原価により、当該輸入貨物の課税価格を計算することができる。

解答 477 ✕

　加工後の国内販売価格を課税価格の計算の基礎として採用できるのは、輸入貨物の加工後の国内販売価格に限られており、当該輸入貨物と同種又は類似の貨物の加工後の国内販売価格を採用することはできない。

根拠規定：定率法第4条の3第1項第2号

解答 478 ○

根拠規定：定率法第4条の3第2項、定率通達4の3－2（2）

解答 479 ✕

　輸入貨物の製造原価に加算する利潤及び一般経費は、当該輸入貨物の生産国で生産された当該輸入貨物と同類の貨物の本邦への輸出のための販売に係る通常の利潤及び一般経費である。

根拠規定：定率法第4条の3第2項

解答 480 ○

根拠規定：定率法第4条の3第2項

解答 481 ✕

　輸入貨物の製造原価に限られており、同種又は類似の貨物の製造原価を採用することはできない。

根拠規定：定率法第4条の3第2項

Level

4

本試験レベル

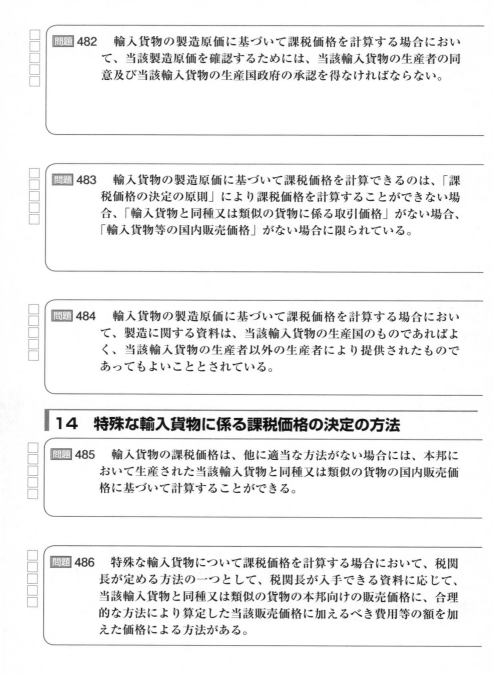

問題 482　輸入貨物の製造原価に基づいて課税価格を計算する場合におい
て、当該製造原価を確認するためには、当該輸入貨物の生産者の同
意及び当該輸入貨物の生産国政府の承認を得なければならない。

問題 483　輸入貨物の製造原価に基づいて課税価格を計算できるのは、「課
税価格の決定の原則」により課税価格を計算することができない場
合、「輸入貨物と同種又は類似の貨物に係る取引価格」がない場合、
「輸入貨物等の国内販売価格」がない場合に限られている。

問題 484　輸入貨物の製造原価に基づいて課税価格を計算する場合におい
て、製造に関する資料は、当該輸入貨物の生産国のものであればよ
く、当該輸入貨物の生産者以外の生産者により提供されたもので
あってもよいこととされている。

14　特殊な輸入貨物に係る課税価格の決定の方法

問題 485　輸入貨物の課税価格は、他に適当な方法がない場合には、本邦に
おいて生産された当該輸入貨物と同種又は類似の貨物の国内販売価
格に基づいて計算することができる。

問題 486　特殊な輸入貨物について課税価格を計算する場合において、税関
長が定める方法の一つとして、税関長が入手できる資料に応じて、
当該輸入貨物と同種又は類似の貨物の本邦向けの販売価格に、合理
的な方法により算定した当該販売価格に加えるべき費用等の額を加
えた価格による方法がある。

解答 482 ×

輸入貨物の製造原価の確認は、当該輸入貨物の生産者が提供した資料に基づくことになっており、この資料の確認を当該輸入貨物の生産国で行うためには、生産者の同意が必要であり、また、その生産国の政府が反対しないことが必要であるが、承認を得るまでは必要としていない。

根拠規定：定率通達4の3－2（1）

解答 483 ×

輸入貨物等の国内販売価格がある場合であっても、輸入者が製造原価に基づいて課税価格を計算することを希望する旨を税関長に申し出た場合には、輸入貨物等の国内販売価格に基づく課税価格の計算方法に先立って、輸入貨物の製造原価に基づいて課税価格を計算することができる。

根拠規定：定率法第4条の3第3項

解答 484 ×

輸入貨物の製造原価は、当該輸入貨物の生産者により又は当該生産者のために提供された輸入貨物の生産に関する資料、特に当該生産者の商業帳簿に基づくものによることとされている。

根拠規定：定率通達4の3－2（1）

解答 485 ×

本邦において生産された貨物の本邦における国内販売価格に基づいて課税価格を計算する方法は、関税評価協定により禁じられている。

根拠規定：関税評価協定第7条2、定率通達4の4－2（4）イ

解答 486 ○

根拠規定：定率令第1条の12第2号、定率通達4の4－2（1）

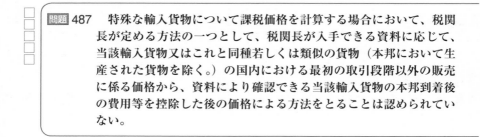

問題 487　特殊な輸入貨物について課税価格を計算する場合において、税関長が定める方法の一つとして、税関長が入手できる資料に応じて、当該輸入貨物又はこれと同種若しくは類似の貨物（本邦において生産された貨物を除く。）の国内における最初の取引段階以外の販売に係る価格から、資料により確認できる当該輸入貨物の本邦到着後の費用等を控除した後の価格による方法をとることは認められていない。

問題 488　特殊な輸入貨物について課税価格を計算する場合において、税関長が定める方法の一つとして、税関長が入手できる資料に応じて、輸入貨物と同種又は類似の貨物の国際相場価格に、通常必要とされる輸入港までの運賃等の額を加えた価格による方法がある。

問題 489　特殊な輸入貨物について課税価格を計算する場合において、税関長が定める方法の一つとして、税関長が入手できる資料に応じて、輸入貨物と同種又は類似の貨物の本邦における市価から、本邦において課される関税その他の公課に係る額を控除した後の価格による方法がある。

問題 490　特殊な輸入貨物について課税価格を計算する場合において、「税関長が定める方法」とは、税関長が本邦において入手できる資料（税関長がその真実性及び正確性に疑義を有する資料を除く。）に基づいて計算する方法であって、合理的と認められるものをいう。

15　その他

問題 491　関税法では、関税を課する場合の基礎となる輸入貨物の性質及び数量は、当該輸入貨物の輸入申告の時における現況によると規定されており、輸入申告の時までに損傷があった輸入貨物の課税価格を計算する場合においても、当該規定は適用される。

解答 487 ×

　設問の方法により課税価格を計算する方法は、運用上認められている。
根拠規定：定率令第1条の12第2号、定率通達4の4-2（2）

解答 488 ○

根拠規定：定率令第1条の12第2号、定率通達4の4-2（3）

解答 489 ○

根拠規定：定率令第1条の12第2号、定率通達4の4-2（4）

解答 490 ○

根拠規定：定率令第1条の12第2号、定率通達4の4-2

Level
4

本試験レベル

解答 491 ○

根拠規定：関税法第4条第1項、定率法第4条の5

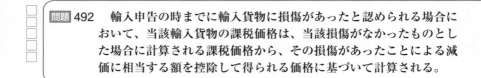

問題 492　輸入申告の時までに輸入貨物に損傷があったと認められる場合において、当該輸入貨物の課税価格は、当該損傷がなかったものとした場合に計算される課税価格から、その損傷があったことによる減価に相当する額を控除して得られる価格に基づいて計算される。

問題 493　輸入貨物の課税価格を計算する場合において、外国通貨により表示された価格の本邦通貨への換算は、輸入申告の日の属する週の前週における実勢外国為替相場の当該週間の平均値として税関長が公示する相場による。

問題 494　売手と買手との間の合意により、仕入書に用いられている通貨とは異なる通貨に換算し、当該異なる通貨により支払うことが取り決められている場合であって、当該異なる通貨により買手から売手に対し現実に支払が行われるときには、当該異なる通貨による価格を本邦通貨に換算した価格により、当該輸入貨物の課税価格を計算することはできない。

解答 492　○
根拠規定：定率法第 4 条の 5

解答 493　×
　輸入申告の日の属する週の前々週（「前週」ではない。）における実勢外国為替相場の当該週間の平均値として税関長が公示する相場による。
根拠規定：定率法第 4 条の 7、定率規則第 1 条

解答 494　×
　売手と買手との間で、仕入書に記載された通貨とは異なる通貨により支払うことが取り決められている場合で、当該異なる通貨により現実に支払が行われるときは、当該異なる通貨による価格を本邦通貨に換算した価格に基づいて、課税価格を計算する。
根拠規定：定率通達 4 の 7 - 2

Level

4

本試験レベル

Level 5

本試験レベル
（難解問題中心）

課税価格の決定の原則による場合

1　輸入取引

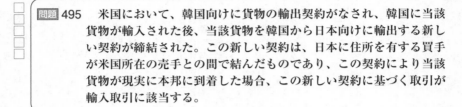

問題 495　米国において、韓国向けに貨物の輸出契約がなされ、韓国に当該貨物が輸入された後、当該貨物を韓国から日本向けに輸出する新しい契約が締結された。この新しい契約は、日本に住所を有する買手が米国所在の売手との間で結んだものであり、この契約により当該貨物が現実に本邦に到着した場合、この新しい契約に基づく取引が輸入取引に該当する。

問題 496　香港に所在する会社は、米国製の衣類を日本国内で販売するため、本邦の企業と委託販売契約を締結した。当該契約に基づいて、当該香港所在の会社は、米国の製造者との間で本邦向け衣類の売買契約を締結し、当該衣類を当該本邦の企業に向けて船積みした。この売買契約は、「課税価格の決定の原則」に基づいて課税価格を計算することができる輸入取引に該当する。

問題 497　本邦で滅却するために輸入するスクラップを、本邦の企業が輸出者から滅却費用の支払を受けて輸入して滅却する場合、当該スクラップの課税価格は、当該滅却費用に基づいて計算する。

2　輸入取引に係る「特別な事情」

問題 498　輸入貨物の取引価格が、買手が売手に輸出する貨物の取引価格又は取引数量によって決定される場合は、当該輸入貨物の取引価格は、課税価格として採用できない。

解答 495　〇
根拠規定：定率法第4条第1項、定率通達4－1（1）

解答 496　×
　輸入取引とは、本邦に拠点を有する買手が、貨物を本邦に到着させることを目的として売手との間で行った売買であって、現実に当該貨物が本邦に到着することとなったものである。設問の取引は、香港にある会社が買手で、米国の製造者が売手であるので、輸入取引ではない。また、委託販売契約により本邦へ輸入される貨物は、そもそも輸入取引により輸入される貨物ではない。
根拠規定：定率法第4条第1項、定率通達4－1の2（1）ロ

解答 497　×
　輸出者が輸入者に滅却費用を支払うことにより輸入される貨物は、輸入取引（売買）によらない輸入貨物であり、定率法第4条の2から第4条の4までの規定に基づいて、課税価格を計算することとなる。
根拠規定：定率法第4条第1項、定率通達4－1の2（1）ト

解答 498　〇
根拠規定：定率法第4条第2項第2号

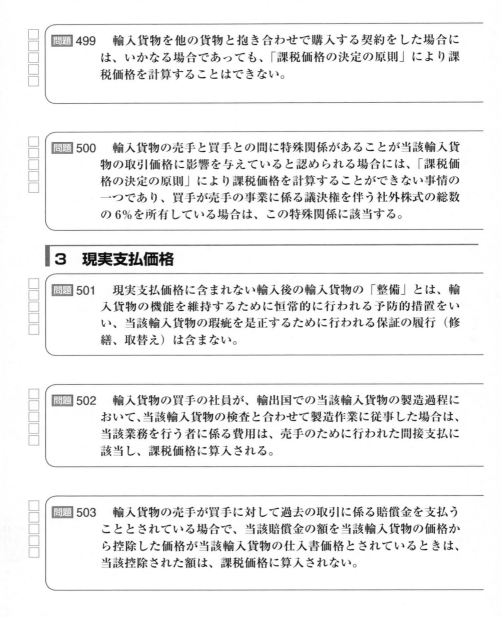

問題 499　輸入貨物を他の貨物と抱き合わせで購入する契約をした場合には、いかなる場合であっても、「課税価格の決定の原則」により課税価格を計算することはできない。

問題 500　輸入貨物の売手と買手との間に特殊関係があることが当該輸入貨物の取引価格に影響を与えていると認められる場合には、「課税価格の決定の原則」により課税価格を計算することができない事情の一つであり、買手が売手の事業に係る議決権を伴う社外株式の総数の 6％を所有している場合は、この特殊関係に該当する。

3　現実支払価格

問題 501　現実支払価格に含まれない輸入後の輸入貨物の「整備」とは、輸入貨物の機能を維持するために恒常的に行われる予防的措置をいい、当該輸入貨物の瑕疵を是正するために行われる保証の履行（修繕、取替え）は含まない。

問題 502　輸入貨物の買手の社員が、輸出国での当該輸入貨物の製造過程において、当該輸入貨物の検査と合わせて製造作業に従事した場合は、当該業務を行う者に係る費用は、売手のために行われた間接支払に該当し、課税価格に算入される。

問題 503　輸入貨物の売手が買手に対して過去の取引に係る賠償金を支払うこととされている場合で、当該賠償金の額を当該輸入貨物の価格から控除した価格が当該輸入貨物の仕入書価格とされているときは、当該控除された額は、課税価格に算入されない。

解答 499　×
　抱き合わせ販売により影響を受ける額が明らかである場合には、「課税価格の決定の原則」により課税価格を計算することができる。
根拠規定：定率法第４条第２項第２号、定率通達４－17（2）

解答 500　○
　売手と買手のいずれかの一方の者が他方の者の議決権を伴う社外株式の総数の 5% 以上を所有している場合には、買手と売手との間に特殊関係が存在する。
根拠規定：定率法第４条第２項第４号、定率令第１条の８第３号

解答 501　○
根拠規定：定率令第１条の４第１号、定率通達４－２（2）ロ

解答 502　○
　買手の社員が輸出国での製造作業に従事した場合は、当該業務を行う者に係る費用（製造作業費、渡航費、滞在費、賃金等）は、売手のために行われた間接支払に該当する。
根拠規定：定率法第４条第１項、定率通達４－２の３（3）ただし書

解答 503　×
　輸入貨物の売手が買手に対して負っている債務（設問の場合は「賠償金」が該当する。）の額を当該輸入貨物の仕入書価格から控除した場合は、当該控除された額を仕入書価格に加えたものが現実支払価格となる。
根拠規定：定率法第４条第１項、定率令第１条の４かっこ書、定率通達４－２（3）ハ

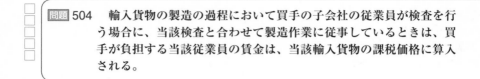

問題 504　輸入貨物の製造の過程において買手の子会社の従業員が検査を行う場合に、当該検査と合わせて製造作業に従事しているときは、買手が負担する当該従業員の賃金は、当該輸入貨物の課税価格に算入される。

問題 505　輸入貨物の買手は、輸出国の倉庫会社と業務委託契約を締結し、EXW 条件に従って売手から当該輸入貨物の引渡しを受けた後、本邦への輸出に先立ち、当該輸入貨物の保管及び本邦への輸出業務を当該倉庫会社に委託し、保管料及び輸出業務の手数料を当該倉庫会社に支払う。また、買手は、本邦の市場の状況を考慮し、当該倉庫会社に本邦への輸出を指示する。この場合の買手が負担する保管料等の費用は、現実支払価格に含まれる。

問題 506　輸入貨物の買手は、売手から信用状ベースで貨物を購入することにした。

売手からの仕入書には、売手が当該輸入貨物を生産者から購入した日から買手に向けて船積みをした日までの期間の当該輸入貨物の購入代金に係る金利が記載されている。

この場合、仕入書に記載された当該金利の額を仕入書価格から控除して、当該輸入貨物の課税価格を計算する。

問題 507　買手が売手に支払う輸入貨物の仕入書価格に、当該輸入貨物が本邦の輸入港に到着した後の国内運送に要する運賃が含まれている場合において、当該運賃の額を明らかにすることができないときは、当該仕入書価格から当該国内運送に通常要すると認められる運賃の額を控除して、当該輸入貨物の課税価格を計算する。

解答 504　○
根拠規定：定率法第 4 条第 1 項、定率通達 4 - 2 の 3（3）ただし書

解答 505　×
　輸入貨物が、その輸入取引に係る取引条件に従って売手から買手に引き渡された後に、本邦への輸出に先立ち、買手が自己のために当該輸入貨物を輸出国において保管する場合、買手が負担する当該保管に要する費用は、現実支払価格には含まれない。
　なお、EXW 条件とは、工場（その他の指定場所）渡し条件のことである。
根拠規定：定率法第 4 条第 1 項、定率通達 4 - 2（5）なお書

解答 506　×
　設問の輸入取引は、信用状ベースの取引（売手は、輸入貨物の船積みと同時に買取銀行に船積書類を持ち込むことで貨物代金を受領する。）であり、買手が売手に支払うこととなる仕入書に記載された金利は、買手が売手に対して支払うべき貨物代金を繰り延べるために売手に支払うことを要する「延払金利」には該当しない。
　したがって、買手が売手に対して支払う当該金利は、現実支払価格に含まれる。
根拠規定：定率法第 4 条第 1 項、定率通達 4 - 4（1）

解答 507　×
　輸入貨物の仕入書価格に本邦の輸入港に到着した後の国内運送に要する運賃が含まれている場合において、その含まれている国内運送に要する運賃の額を明らかにすることができないときは、その明らかにすることができない国内運送に要する運賃の額を含んだ仕入書価格に基づいて、課税価格を計算する。
根拠規定：定率令第 1 条の 4 ただし書

問題 508　買手は、売手との間で、本邦における輸入及び販売に関する総代理店契約を締結しており、その条件の一つとして、売手が製造する製品の本邦における広告宣伝活動が義務付けられ、その費用は、売上金額の 5% と明記されている。

　この契約の下で、買手が売手から輸入する製品の課税価格を計算する場合は、買手が負担する上記広告宣伝に関する活動の費用を課税価格に算入する。

4　加算要素（運送関連費用）

問題 509　輸入貨物の買手は、売手との間で液体燃料を FOB 条件で輸入する契約を締結した。この契約の中には、売手の事情により買手が用船した船舶への荷役に関し滞船料が発生したときは、その滞船料を売手が負担するとの条項が含まれている。

　この度、買手は船会社との間で用船契約を結び、当該液体燃料を本邦に輸送したが、この輸送に当たり、売手による輸出国内の輸送が遅延したことから滞船が発生したため、買手は、滞船料を一旦船会社に支払った後、売手との契約に基づき、滞船料を売手から回収した。

　この場合において、当該液体燃料の輸入申告に当たり、船積港における滞船料を加算要素として課税価格に算入することとした。

問題 510　売手は、コンテナー・リース会社から輸入貨物の運送に使用されるリーファー・コンテナーを賃借する。売手と買手との取決めにより、買手は当該コンテナーを使用した後にクリーニングした上で返却することとされており、当該クリーニングに係る費用を買手が別途負担する。この場合、当該コンテナーのクリーニング費用は、課税価格に算入する必要はない。

解答 508 ×

　買手が負担する広告宣伝に関する活動の費用は、それが売手の利益になると認められる活動に係るものであっても、売手に対する間接的な支払には該当しない。したがって、当該活動に係る費用は、課税価格に算入しない。

根拠規定：定率法第4条第1項、定率通達4－2（4）

解答 509 ×

　船積港における輸入貨物の滞船料は、「輸入港に到着するまでの運送に要する運賃」に該当するため、これが仕入書価格に含まれていない場合には、その額を課税価格に算入する必要がある。

　設問の場合、船積港で発生した滞船料は、売手と買手との輸入契約に基づいて売手が負担することとなっており、仕入書価格（FOB価格）は、船積港において発生するであろう滞船料を含んだものといえる。したがって、当該滞船料は、既に現実支払価格に含まれているので、改めて加算する必要はない。

根拠規定：定率法第4条第1項第1号

解答 510 ○

　当該コンテナーのクリーニングの費用は、輸入貨物の輸入港到着後に発生したものであるので、課税価格に算入する必要はない。

根拠規定：定率法第4条第1項第1号

Level **5** 本試験レベル

問題 511　買手は、FOB 条件で輸入する化学薬品を運送するため、船会社との間で航海用船契約を締結した。当該航海用船契約により用船した船舶に当該化学薬品を積載するためには、船倉の塗装及び船舶への積卸しのためのポンプ及びバルブの改造が必要となり、買手は、当該化学薬品の運賃に加えて、当該塗装及び改造に要する費用並びに運送終了後元の状態に復旧するための費用を当該船会社に支払った。

この場合、当該塗装及び改造に要する費用並びに当該復旧に要する費用は、その全額を、当該化学薬品の課税価格に算入する必要がある。

問題 512　買手は、FOB 条件で売手との間で冷凍魚を輸入する契約を締結するとともに、船会社と当該冷凍魚の運送契約を結んだ。当該運送契約に基づき、積載予定船舶が船積港に入港したが、売手の責任により、当該冷凍魚を積んだ漁船が当該船積港に入港せず、当該積載予定船舶は、不積みのまま出航した。このため、売手は、当該冷凍魚を自己が所有する漁船で本邦の輸入港まで運送し、当該運送に要した費用を売手が負担したものの、その費用の額は明らかでなく、客観的で数値化された資料により計算することもできない。

この場合は、関税定率法第 4 条の 2 以下の規定に基づいて、輸入貨物の課税価格を計算する。

問題 513　買手は、売手から CFR 条件で貨物を輸入しており、また、保険会社と保険契約を結び、当該貨物の保険料を負担している。

今回売手が手配した船舶が老齢船舶であったために、船齢割増保険料を売手が負担した。

この場合、当該船齢割増保険料の額を仕入書価格に加えて当該貨物の課税価格を計算する必要がある。

なお、買手から売手に対しては、当該仕入書価格以外の支払はない。

解答 511 ✕

　輸入貨物を運送するために要した船舶改装費は、「輸入港に到着するまでの運送に要する運賃」に含まれるので、輸入貨物を運送するために要する船舶の塗装及び改造に要する費用は課税価格に算入される。

　一方、運送終了後に元の状態に復旧するための費用は、輸入貨物の輸入港到着後の費用であるため、課税価格に算入されない。ただし、当該費用の額が明らかでないときは、その額を含めて課税価格に算入する。

根拠規定：定率法第4条第1項第1号、定率通達4－8（3）イ（イ）、（7）ロ

解答 512 ○

　買手と売手との間の輸入貨物の取引条件はFOB条件であり、輸入港までの運送関連費用は、加算要素として課税価格に算入する必要がある。加算要素に係る費用等の額を加算する場合は、客観的なかつ数値化された資料に基づくが、そのような資料がないときは、定率法第4条の2以下の規定に基づいて課税価格を計算する。

根拠規定：定率法第4条第1項第1号、定率通達4－7（2）

解答 513 ✕

　設問の場合、輸入取引がCFR契約条件（売手が運賃を支払うが、保険を手当する義務はない。）であるため、売手が負担した船齢割増保険料は、老齢船で運送することによるリスクを回避するために自らの判断で追加的に付保したものと考えられる。買手から売手に対しては、仕入書価格以外の支払はないことから、当該仕入書価格には、当該船齢割増保険料が含まれていると考えられる。

　したがって、買手が支払った保険料は課税価格に算入されるが、売手が負担した船齢割増保険料は、既に当該仕入書価格（現実支払価格）に含まれているので、改めて加算する必要はない。

根拠規定：定率法第4条第1項

5　加算要素（買手から提供された物品又は役務の費用）

問題 514　　買手により無償で売手に提供された金型が輸入貨物と他の貨物の生産のために使用された場合には、当該輸入貨物の課税価格に算入される当該金型に要する費用の額は、当該輸入貨物と当該他の貨物の生産割合により按分して計算する必要がある。

問題 515　　輸入貨物の生産に関連して、買手が自己と特殊関係にある生産者から取得した金型を無償で売手に提供している場合には、課税価格に算入される当該金型に要する費用の額は、当該買手が当該生産者から取得したときの取得価格による。

問題 516　　輸入貨物の生産に必要な触媒を買手が無償で提供する場合であっても、当該触媒が当該輸入貨物の生産の過程で消費されるときは、当該触媒の費用の額は、課税価格に算入されない。

問題 517　　買手は、売手から電気製品の部品を輸入するに当たり、当該部品を製造するための金型を売手に無償で提供し、この金型で8万個の部品を製造する契約を締結した。買手は、この8万個の部品の輸入（納税）申告に当たり、当該金型に要する費用の全額を算入して課税価格を計算した。
　　当該契約が完了した後、買手は、当該金型を利用して、当該部品と同種の部品の追加生産を依頼し、輸入することとなった。
　　当該同種の部品の課税価格の計算に当たっても、当該金型に要する費用の額を課税価格に算入する必要がある。

解答 514　○
根拠規定：定率法第４条第１項第３号ロ、定率令第１条の５第２項前段かっこ書

解答 515　×
　買手が当該金型を自己と特殊関係にある者から取得した場合に加算すべき費用の額は、当該金型の生産費に、当該金型を提供するために要した運賃、保険料その他の費用であって買手により負担されるものを加算した額とされており、買手と特殊関係にある金型の生産者からの取得価格ではない。
根拠規定：定率法第４条第１項第３号ロ、定率令第１条の５第２項第１号

解答 516　×
　輸入貨物の生産の過程で消費される物品（設問では触媒）を無償で提供したときは、当該物品に要する費用の額は加算要素となる。
根拠規定：定率法第４条第１項第３号ハ、定率通達４－12（3）

解答 517　×
　買手により無償提供された金型に要する費用は、当初の契約に基づいて輸入された部品の課税価格に全額加算されており、当初の製造予定数量を超えて製造した貨物が輸入されることとなった場合には、当該金型に要する費用の総額を超えて課税価格に算入する必要はない。
根拠規定：定率法第４条第１項第３号ロ

Level
5
本試験レベル

6　加算要素（知的財産権等の使用に伴う対価）

問題 518　本邦の飲料製造販売会社（買手）は、自己と特殊関係にない外国の特許権者（売手）から濃縮液を購入して輸入し、本邦において水で希釈してソフトドリンクを製造し、販売している。

当該売手との間の特許使用許諾契約では、当該濃縮液の代金を支払うことに加え、当該濃縮液の輸入取引をするために、本邦において当該濃縮液を希釈して販売する権利（特許使用権）の使用に伴う対価として、当該ソフトドリンクの販売価格に基づき計算されたロイヤルティを当該売手に支払うことが条件とされている。

この場合、当該ロイヤルティは、輸入される濃縮液の課税価格には算入されない。

問題 519　本邦のスポーツ用品卸売業者（買手）は、本邦の親会社である商標権者との間のライセンス契約に基づき、当該商標権者に対して、本邦で販売するスポーツ用品に関する商標権の使用に伴う対価を支払っている。

当該買手は、外国の第三者である複数の売手との間で売買契約を締結し、スポーツバッグを輸入しているが、当該売買契約に基づき、自らが作成した商標ラベルを当該売手に対して無償で提供し、当該スポーツバッグに当該商標ラベルを貼付させている。

なお、当該商標権者は、当該スポーツバッグの製造及び当該買手と当該売手との間の輸入取引には、全く関与していない。

当該スポーツバッグの課税価格を計算するに当たっては、当該買手が当該商標権者に支払う商標権の使用の対価を、課税価格に算入しなければならない。

解答 518 ×

　設問のロイヤルティは、輸入した濃縮液を本邦において希釈してソフトドリンクを製造し、販売する権利（特許使用権）の使用に伴う対価であり、特許の対象が当該濃縮液であることから、当該濃縮液に係るものである。

　さらに、当該ロイヤルティは、買手から売手に対し、輸入取引をするために必要な条件として支払われるものである。

　したがって、当該ロイヤルティは、当該濃縮液の課税価格に算入する必要がある。

根拠規定：定率法第4条第1項第4号、定率通達4－13（2）

解答 519 ×

　設問の商標権の使用の対価は、輸入貨物であるスポーツバッグに商標を付すことに対して支払われるものでもあることから、当該スポーツバッグに係るものといえる。

　しかし、商標権者は、当該スポーツバッグに係る輸入取引には全く関与していないことから、当該商標権の使用に伴う対価は、輸入取引の状況その他の事情からみて当該スポーツバッグの輸入取引をするために支払われるものとはいえない。

　したがって、当該商標権の使用に伴う対価は課税価格に算入されない。

根拠規定：定率法第4条第1項第4号、定率通達4－13（2）

問題 520　買手は、A社（商標権者）とライセンス契約を結んでいる。このライセンス契約においては、当該買手は、A社の商標を付した衣類を製造する場合には、衣類見本をA社に提出してA社の承認を受けた上で、A社の指定したA社の下請工場で製造しなければならず、また、当該商標の使用に伴う対価として、輸入する衣類のFOB価格の5％のロイヤルティをA社に支払うこととなっている。

このライセンス契約に基づき、当該買手は、A社の下請工場である売手と売買契約を結び、A社の商標を付した衣類を輸入することとなった。

この場合、買手がA社に支払うロイヤルティは、当該衣類の課税価格に算入される。

問題 521　買手は、A国の商標権者B社とライセンス契約を締結し、B社が保有する商標を付した家庭用品の製造及び本邦における販売の権利を得ており、商標権の使用の対価として家庭用品の国内販売価格の5％相当額のロイヤルティをB社に支払うことになっている。

この度、当該買手はC国のメーカーである売手と売買契約を結び、B社の商標を付した家庭用品の製造を発注し、輸入することとなった。当該家庭用品について当該買手がB社に支払うロイヤルティは、当該家庭用品の課税価格に算入しなければならない。

なお、当該ロイヤルティの支払に関しては、当該買手と当該売手との間、当該売手とB社との間並びに当該買手、当該売手及びB社の三者間においては、何ら取決めはなく、また、いずれの者の間にも特殊関係や下請け関係等はない。

7　加算要素（売手帰属収益）

問題 522　輸入貨物の輸入取引の条件として、買手による当該輸入貨物の再販売による収益の一部を売手に支払うよう取り決めた場合に、当該売手に支払う収益の額が明らかでないときは、当該買手が当該売手に支払う予定の額を当該輸入貨物の課税価格に算入する必要がある。

解答 520　○

「輸入貨物に係る」商標権の使用に伴う対価で、かつ、「輸入取引の状況その他の事情からみて、輸入貨物の輸入取引をするために」買手により直接又は間接に支払われるものは、加算要素とされている。

設問の場合、A社の商標は、衣類の輸入時に付されていることから、「輸入貨物に係る」ものであることは明らかである。

また、A社の下請工場である売手は、買手とA社との間のライセンス契約に基づかなければ、買手との間で売買契約を締結することができないことを十分に承知していると認められ、当該ロイヤルティの支払は、実質的に買手と売手との間の輸入取引をするための条件となっていると認められる。

したがって、当該ロイヤルティは、課税価格に算入される。

根拠規定：定率法第4条第1項第4号、定率通達4－13（4）ニ

解答 521　×

買手によりB社に支払われるロイヤルティは、輸入貨物に係るものではあるが、売手とB社との間には、商標の使用に関しては何ら関係がなく、当該買手と当該売手の間には、当該ロイヤルティの支払に関する取決めはないことから、当該ロイヤルティは、当該輸入貨物の輸入取引の状況その他の事情から見て、輸入取引をするために支払われるものとはいえず、課税価格に算入する必要はない。

根拠規定：定率法第4条第1項第4号、定率通達4－13（2）

解答 522　×

買手が売手に支払う再販売による収益の額が明らかでないときは、「課税価格の決定の原則」を適用することはできず、定率法第4条の2以下の規定により課税価格を計算する。

根拠規定：定率法第4条第2項第3号

■ 課税価格の決定の原則によれない場合

8　同種又は類似の貨物に係る取引価格による方法

問題 523　貨物の形状、品質及び社会的評価を含むすべての点で輸入貨物と同一であると認められる貨物であっても、当該貨物が本邦で開発された技術、設計等を使用して製造されたものであり、当該技術、設計等に要する費用の額がその課税価格に含められていない場合には、当該輸入貨物と同種の貨物とすることはできない。

問題 524　輸入貨物と同種又は類似の貨物に係る取引価格により課税価格を計算する場合において、当該輸入貨物と同種の貨物が、当該輸入貨物の生産者と特殊関係にある者により生産されたものであるときは、当該輸入貨物の生産国以外で当該輸入貨物の生産者と特殊関係にない者によって生産された当該輸入貨物と同種の貨物の取引価格に基づいて、当該輸入貨物の課税価格を計算することができる。

問題 525　輸入貨物と同種又は類似の貨物に係る取引価格により課税価格を計算する場合において、当該輸入貨物と同種の貨物に係る取引価格と類似の貨物に係る取引価格の双方があるときは、これらの取引価格のうち、当該輸入貨物の本邦への輸出の日に近接する日に本邦へ輸出された貨物の取引価格による。

問題 526　輸入貨物と同種又は類似の貨物に係る取引価格により課税価格を計算する場合において、当該輸入貨物の生産者により生産された同種の貨物に係る取引価格と当該生産者以外の者により生産された同種の貨物に係る取引価格の双方があるときは、これらの取引価格のうち最小のものによる。

解答 523 ○

　本邦で開発された技術、設計、考案、工芸又は意匠を使用し又は取り入れた貨物は、その課税価格に当該技術等に要する費用の額が加算されていないため、輸入貨物と同種の貨物として取り扱うことはできない。

根拠規定：定率法第4条の2第1項、定率通達4の2-1（1）ただし書

解答 524 ×

　輸入貨物と同種又は類似の貨物に係る取引価格により課税価格を計算する場合の同種又は類似の貨物は、当該輸入貨物と同一の生産国で生産されたものに限られている。

根拠規定：定率法第4条の2第1項前段かっこ書

解答 525 ×

　輸入貨物と同種の貨物に係る取引価格及び類似の貨物に係る取引価格の双方があるときは、当該同種の貨物に係る取引価格による。

根拠規定：定率法第4条の2第1項前段かっこ書

解答 526 ×

　輸入貨物の生産者が生産した同種の貨物と他の生産者が生産した同種の貨物の双方がある場合には、取引価格の大小にかかわらず、当該輸入貨物の生産者が生産した貨物の取引価格が用いられる。

根拠規定：定率法第4条の2第1項、定率令第1条の10第1項

Level

5

本試験レベル

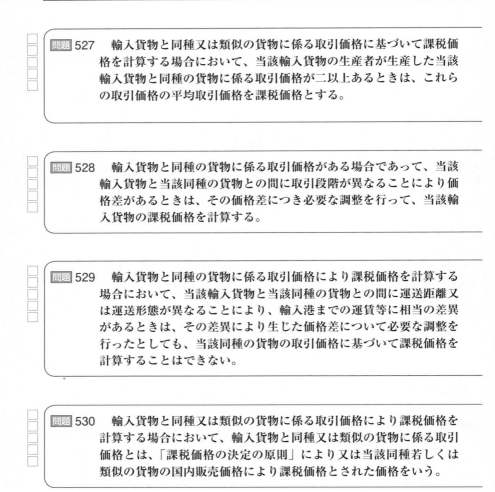

問題 527　輸入貨物と同種又は類似の貨物に係る取引価格に基づいて課税価格を計算する場合において、当該輸入貨物の生産者が生産した当該輸入貨物と同種の貨物に係る取引価格が二以上あるときは、これらの取引価格の平均取引価格を課税価格とする。

問題 528　輸入貨物と同種の貨物に係る取引価格がある場合であって、当該輸入貨物と当該同種の貨物との間に取引段階が異なることにより価格差があるときは、その価格差につき必要な調整を行って、当該輸入貨物の課税価格を計算する。

問題 529　輸入貨物と同種の貨物に係る取引価格により課税価格を計算する場合において、当該輸入貨物と当該同種の貨物との間に運送距離又は運送形態が異なることにより、輸入港までの運賃等に相当の差異があるときは、その差異により生じた価格差について必要な調整を行ったとしても、当該同種の貨物の取引価格に基づいて課税価格を計算することはできない。

問題 530　輸入貨物と同種又は類似の貨物に係る取引価格により課税価格を計算する場合において、輸入貨物と同種又は類似の貨物に係る取引価格とは、「課税価格の決定の原則」により又は当該同種若しくは類似の貨物の国内販売価格により課税価格とされた価格をいう。

9　輸入貨物等の国内販売価格による方法

問題 531　輸入貨物等の国内販売価格に基づいて課税価格を計算する場合において、当該輸入貨物等の国内販売価格は、国内における売手と買手が特殊関係にあるか否かを問わない。

解答 527　×

　　輸入貨物の生産者が生産した当該輸入貨物と同種の貨物に係る取引価格が二以上ある場合には、当該取引価格のうち最小の単価による取引価格による（類似貨物についても同様。また、他の生産者が生産した同種又は類似の貨物についても同様）。
根拠規定：定率法第4条の2第1項、定率令第1条の10第2項

解答 528　○
根拠規定：定率法第4条の2第2項

解答 529　×

　　輸入貨物と当該輸入貨物と同種又は類似の貨物との間に運送距離又は運送形態が異なることにより輸入港までの運賃等に相当の差異がある場合であっても、その差異により生じた価格差について、必要な調整を行うことにより、当該同種又は類似の貨物に係る取引価格に基づいて課税価格を計算することができる。
根拠規定：定率法第4条の2第1項後段

解答 530　×

　　輸入貨物と同種又は類似の貨物に係る取引価格は、「課税価格の決定の原則」により課税価格とされたものに限られる。
根拠規定：定率法第4条の2第1項前段かっこ書

解答 531　×

　　輸入貨物等の国内販売価格は、国内における売手と特殊関係のない買手に対して販売された価格でなければならない。
根拠規定：定率法第4条の3第1項第1号

問題 532　輸入貨物等の国内販売価格に基づいて課税価格を計算する場合において、その国内における売手と特殊関係にある買手に対して販売した場合や、当該輸入貨物の生産に関し、工具、鋳型等を無償で又は値引きをして直接又は間接に提供した者に販売した場合には、当該輸入貨物等の国内販売価格を用いることができない。

問題 533　輸入貨物等の国内販売価格に基づいて課税価格を計算する場合において、当該輸入貨物等の国内販売価格は、輸入貨物の課税物件確定の時の属する日後 90 日以内に、当該輸入貨物等が国内販売された場合の最小の価格を用いなければならない。

問題 534　輸入貨物等の国内販売価格に基づいて課税価格を計算する場合において、輸入貨物等の課税物件確定の時における性質及び形状により国内において販売された当該輸入貨物等に係る国内販売に係る単価が複数あるときは、当該単価のうち最小のものに基づいて国内販売価格を計算する。

問題 535　輸入貨物等の国内販売価格に基づいて課税価格を計算する場合において、輸入貨物の課税物件確定の時の属する日又はこれに近接する期間内に販売された国内販売価格とは、当該課税物件確定の時の属する日又はこれと近接する日における当該輸入貨物等の国内販売価格とし、この国内販売価格がないときは、当該課税物件確定の時の属する日後 90 日以内の最も早い日における当該輸入貨物等に係る国内販売価格とされている。

解答 532 ○
根拠規定：定率法第4条の3第1項第1号、定率令第1条の11第2項かっこ書

解答 533 ×
　輸入貨物等の国内販売価格は、輸入貨物の課税物件確定の時の属する日又はこれに近接する期間内に販売されたものとされ、この日又は期間内に国内販売価格がないときは、当該課税物件の確定の時の属する日後90日以内の最も早い日における国内販売価格による。
根拠規定：定率法第4条の3第1項第1号、定率令第1条の11第1項

解答 534 ×
　輸入貨物等の課税物件確定の時における性質及び形状により国内において販売された同順位の当該輸入貨物等に係る国内販売の単価が複数ある場合には、その最大販売数量に係る単価に基づいて、国内販売価格を計算する。
根拠規定：定率法第4条の3第1項第1号、定率令第1条の11第2項かっこ書

解答 535 ○
根拠規定：定率法第4条の3第1項第1号、定率令第1条の11第1項

問題 536　輸入貨物等の国内販売価格に基づいて課税価格を計算する場合には、当該国内販売価格から、輸入貨物と同類の貨物で国内生産されたものの国内における販売に係る通常の手数料又は利潤及び一般経費の額を控除することとされている。

問題 537　輸入貨物等の国内販売価格に基づいて課税価格を計算する場合において、輸入貨物等の課税物件確定の時における性質及び形状により国内において販売された当該輸入貨物等に係る国内販売価格がないときは、輸入貨物の課税物件確定の時の属する日の後に加工して国内において販売された当該輸入貨物の国内販売価格に基づいて課税価格を計算する。

10　輸入貨物の製造原価による方法

問題 538　輸入貨物と同種又は類似の貨物に係る取引価格により当該輸入貨物の課税価格を計算できる場合であっても、当該輸入貨物を輸入しようとする者が希望する旨を税関長に申し出たときは、当該輸入貨物の製造原価に基づいて課税価格を計算することができる。

問題 539　輸入貨物の製造原価に基づいて課税価格を計算する場合は、当該製造原価に当該輸入貨物の生産国の国内市場において販売された同類の貨物の通常の利潤及び一般経費並びに当該輸入貨物の輸入港までの運賃等の額を加えた価格を課税価格とする。

問題 540　輸入貨物の製造原価に基づいて課税価格を計算する場合において、当該輸入貨物は、当該輸入貨物の輸入者と当該輸入貨物の生産者との間の取引に基づき本邦に到着することとなる場合に限られている。

解答 536　×

　控除の対象となる費用等は　国内で生産された同類の貨物に係るものではなく、輸入貨物と同類の貨物で輸入されたものの国内における販売に係る通常の手数料又は利潤及び一般経費である。

根拠規定：定率法第4条の3第1項第1号イ

解答 537　×

　輸入貨物の課税物件確定の時の属する日の後に加工して国内において販売された輸入貨物の国内販売価格が採用できるのは、当該輸入貨物又は当該輸入貨物と同種若しくは類似の貨物に係る国内販売価格がない場合であって、かつ、輸入者が希望する旨を税関長に申し出た場合に限られる。

根拠規定：定率法第4条の3第1項ただし書

解答 538　×

　課税価格の決定に関しては、原則として、その優先順位が定められており、輸入貨物と同種又は類似の貨物に係る取引価格は、輸入貨物の製造原価に基づく価格に常に優先して適用されることとされているので、「課税価格の決定の原則」により課税価格を計算できない場合は、まず、輸入貨物と同種又は類似の貨物に係る取引価格に基づいて課税価格を計算することとなる。

根拠規定：定率法第4条の3第1項、第2項

解答 539　×

　輸入貨物の製造原価に加える利潤及び一般経費は、「当該輸入貨物の生産国で生産された当該輸入貨物と同類の貨物の本邦への輸出のための販売」に係る通常の利潤及び一般経費である。

根拠規定：定率法第4条の3第2項

解答 540　○

根拠規定：定率法第4条の3第2項かっこ書

Level

5

本試験レベル

問題 541　輸入貨物の製造原価に基づいて課税価格を計算する場合には、当該輸入貨物の生産者により又は生産者のために提出された当該輸入貨物の生産に関する資料、特に、生産者の商業帳簿に基づくこととされている。

11　特殊な輸入貨物に係る課税価格の決定の方法

問題 542　関税定率法施行令第 1 条の 12 第 1 項（特殊な輸入貨物に係る課税価格の決定方法）に規定する「合理的な調整を加える」とは、例えば、①輸入貨物と同種又は類似の貨物の取引価格に基づいて課税価格を計算する場合において、「これに近接する日」の取扱いを弾力的に行って課税価格を計算する方法、②輸入貨物等の国内販売価格に基づいて課税価格を計算する場合において、「性質及び形状」の取扱いを弾力的に行って課税価格を計算する方法がある。

12　その他

問題 543　海外テレビドラマを記録した DVD-ROM を輸入取引により輸入する場合において、当該 DVD-ROM に記録されている当該ドラマ自体に係る価格と DVD-ROM 自体の価格とが仕入書にそれぞれ記載されているときは、当該ドラマ自体に係る価格は、課税価格に算入されない。

問題 544　課税価格を計算する場合において、買手が輸入貨物の外貨建て仕入書価格の一部を当該輸入貨物の輸入申告前に売手に支払った場合において、その支払った額の本邦通貨への換算は、当該支払を行った日における税関長が公示する外国為替相場による。

解答 541 ○
根拠規定：定率法第４条の３第２項、定率通達４の３－２（1）

解答 542 ○
根拠規定：定率法第４条の４、定率令第１条の12第１号、定率通達４の４－１（2）イ、(3)
イ

解答 543 ×
　データ処理機器の運用に関係する計算機プログラム、手順、規則又はデータ処理機器
に使用されるデータ（以下「ソフトウェア」という。）の価格と当該ソフトウェアを記
録したキャリアメディアの価格が区別されている場合は、当該ソフトウェアの価格は課
税価格に算入されないが、ソフトウェアには、サウンド、シネマチック及びビデオ・レ
コーディングは含まれない。したがって、設問のドラマ自体の価格は、課税価格に算入
される。
根拠規定：定率法第４条第１項、定率通達４－５

解答 544 ×
　外国通貨により表示された貨物代金の本邦通貨への換算は、当該貨物代金の全部又は
一部の支払いがいつ行われたかにかかわらず、輸入申告の日における税関長が公示する外
国為替相場による。
根拠規定：定率法第４条の７第１項、定率規則第１条

Level
5
本試験レベル

通関士試験補習シリーズ

関税評価ドリル 2024

2024年5月21日発行　ISBN 978-4-88895-516-4

発 行 所　　公益財団法人 **日本関税協会**

〒101-0062
東京都千代田区神田駿河台3-4-2 日専連朝日生命ビル6F
https://www.kanzei.or.jp/